비즈니스매너와 비즈니스롤플레이

Business Manner & Business Role Play

김순희 지음

지식인

Profile

김순희

현) 위덕대학교 항공관광학과 교수
포항시 도시재생위원회 위원
대한관광경영학회 이사
세종대학교 관광경영학과 박사
전) 동신대학교 스튜어디스학과 교수
아시아나항공 객실승무원
국무총리산하 청소년보호종합지원센터 자문위원
경주시청 지방일반임기제 공무원 면접위원
포항시청 지방일반임기제 공무원 면접위원
경주시청 수행비서임용 면접위원
경상북도홍보관 평가위원회 위원

저서 I 항공사승무원 면접 기출문제마스터(2017), 항공사 Role Play 마스터(2017),
Airline Service & Role Play(2013), 서비스코리아(2007),
기업이 원하는 인재가 되기 위해 반드시 알아야 할 직장예절(2005) 등

비즈니스매너와
비즈니스롤플레이

2018년 6월 25일 초판 1쇄 인쇄
2018년 6월 30일 초판 1쇄 발행

지은이 | 김순희
펴낸이 | 김종욱
펴낸곳 | 지식인
등 록 | 제301-2013-134호
주 소 | 서울시 도봉구 도봉로 180길 20 투웨니퍼스트 102동 602호
전 화 | 02)2266-8606 (대)
팩 스 | 02)2266-8607
E-mail | jisikin2013@naver.com
홈페이지 | www.jisikinbook.co.kr

ISBN 979-11-88105-25-0 (93320)

값 15,000원

비즈니스매너와
비즈니스롤플레이

Business Manner & Business Role Play

Business Manner & Business Role Play

PROLOGUE

비즈니스 매너는 나와 주변 사람들 모두를 위한 것이다. 비즈니스 매너는 어려운 것이 아니라 '내가 대접받고자 하는 대로 상대를 대하는 것'으로 역지사지(易地思之)의 개념이라 볼 수 있다.

이번 『비즈니스매너와 비즈니스롤플레이Business Manner & Business Role Play』는 비즈니스에만 국한된 내용이 아니라, 사람 사이에 지켜야 하는 상황과 매너를 다양하게 다루었다. 즉 비즈니스 상황뿐만 아니라 일반 상황(극장, 전시회, 카페 등)에서 문화인으로서 지성인으로서 사람들과 더불어 사는 사람으로서 지켜야 하는 매너를 다양하게 다루었다.

우리는 뉴스매체를 통해 또는 SNS를 통해 사람들 사이에 매너를 지키지 않아, 또는 고객이나 직원이 매너를 지키지 않아 발생되는 불미스럽고 안타까운 소식 그리고 눈살을 찌푸리게 하는 사례를 많이 접한다.

이 책에서 제공하는 다양한 내용들을 잘 이해하고 일상생활에서 잘 활용하며 적용시킴으로써, 인간관계가 불편하지 않고 서로를 배려하는 행복한 사회가 되었으면 하는 바람이다.

김순희

CONTENTS

인사편

1. 인간관계의 첫 스타트 – 인사와 인사말

1) 인사의 의미

우리는 하루에 많은 사람들과 서로 스치고, 지나가고, 만나곤 한다. 그중에는 비즈니스로 만나는 사람도 있을 것이고, 인간관계를 하면서 아는 정도의 경중에 따라 마음을 나누기도 하며 대면대면한 관계도 있을 것이다.

인사라는 것은 감사 · 걱정 · 환영 · 반가움 · 안부 · 호의 등을 마음에 담아 표현하는 것이다. 우리는 인사 하나만으로도 그 사람의 인간성과 가정교육까지 판단하는 경우가 있을 만큼, 인사를 하는 것은 너무도 중요한 일이다.

인사(人事)란 사람이 해야 하는 일로 선 · 후배 간, 사제 간 등 상 · 하 관계에서만 하는 것이 아니라 그냥 이유 없이, 그냥 조건 없이 사람

들이 서로 하는 일이 바로 '인사'이다. 인사를 통해 두 사람의 관계를 파악할 수 있고(비즈니스 관계인지, 친분 관계인지, 가까운 사이인지 아닌지 등), 지위의 높낮이도 파악할 수 있다.

인사는 그 나라의 오랜 문화를 반영하여 다양한 방법으로 인사법을 만들어냈으며, 우리가 알고 있듯이 머리와 허리를 숙이거나 악수, 절 또는 입맞춤 등의 다양한 방법들의 인사가 있다.

〈인사를 정리해보면!〉

① 만나는 이유야 어떠하든 사람과 사람이 만나게 되면, 가장 먼저 하는 행동이 바로 '인사'이다.

② 인사는 상대방을 환영한다는 것으로, 그 방법으로는 눈으로 할 수도 있고, 포옹이나 악수로 할 수도 있으며, 머리와 허리를 숙여서 하는 등 방법이 다양하다.

③ 인사는 목례, 보통례, 정중례 등으로 나누고 있으며, 상황에 따라 적용하는 인사방식이 있다.

④ 인사의 방식을 통해 상대방과의 관계와 지위의 높낮이를 파악할 수 있다.

(1) 상황에 맞는 인사 적용하기

① 가벼운 인사(목례, 目禮) : 목례는 머리를 숙이고 허리는 굽혀서 하는 인사가 아니라, 눈으로 하는 인사이다.

- 협소한 장소에서 인사를 할 때

(예 :   )

- 짧은 시간 내에 또는 하루에 여러 번 만나게 되었을 때
- 서비스 직원이 전화로 응대하고 있는 상황에서 다른 손님을 잠시 기다리게 할 때 또는 통화 중에 상사나 선 · 후배가 다가올 때 적용할 수 있는 인사이다.

② 보통인사(보통례) : 일반적으로 어른이나 상사 · 손님 등에게 하는 인사로, 격식을 갖추고 예의를 갖추어 응대해야 하는 대상에게 하는 인사이다.

- 어른이나 상사를 찾아뵙거나 복도, 특정한 장소에서 만났을 때
- 서비스업체에서 직원이 고객을 맞이하거나 배웅할 때
- 친밀함이 없는 사람과 첫 대면 시 적용할 수 있는 인사이다.

③ 정중한 인사(정중례) : 가장 격식을 갖추고 하는 인사라 할 수 있다.

- 상을 받기 위해 단상에 올랐거나, 청중을 향해 인사할 때
- 의식행사를 할 때
- 사죄를 할 상황이거나 감사의 마음을 전할 때
- 정중한 인사는 허리를 구부정하게 하지 않고 머리를 아래로 떨어뜨리지 않으며, 여성은 오른손이 왼손을 덮고 남성은 차렷자세를 취한다.

Q. 위 사진 중 잘못된 부분을 찾아보세요.

④ 인사의 방식이나 종류가 다양하고 적용할 수 있는 상황도 다소 구분이 되어있지만, 상대를 존중하는 마음이나 상황에 따라 목례가

정중례로 바뀔 수도 있고, 정중례가 보통례가 될 수도 있다. 이는 상대와 상황에 따라 적절히 변형할 수 있다는 의미이다.

⑤ 학교나 학원에서 친구를 만나 가볍게 인사를 나누는 관계에서는 인사의 격식이나 인사말에 있어 그 내용이나 친절함 · 정중함을 요구할 수는 없고 크게 그 필요성을 강요하지도 않는다. 그러나 선생님이나 교수님을 만났을 때, 그리고 선배나 또는 상사 · 어른을 뵈었을 때, 비즈니스로 거래처 관계자를 만났을 때 우리는 인사의 방식(또는 태도)과 함께 인사말도 중요한 부분을 차지한다. 그러므로 그 부분을 의미 있게 생각해야 한다.

⑥ 인사를 하는 시간Time, 장소Place, 상황Occasion, 즉 TPO에 적절한 인사와 인사말이 필요하다. 이는 단순히 고개만 숙이는 형태만 갖춘 인사보다는 훨씬 더 격식을 갖춘 모습으로 보이고 받는 이로 하여금 정중하고 정성스러운 대접을 받는다는 인상을 줄 수 있다.

(2) 인사의 각도를 지키는 것보다 더 중요한 TPO에 적합한 인사말

인사를 하는 것은 누구나 잘할 수 있는가? 유치원에서 배운대로만 한다면 모든 이에게 예의 있고 좋은 인상을 줄 수 있다. 성장하면서 그리고 사회생활을 할수록 스마트폰과 더불어 혼자서 하는 놀이에 익숙한 사람들은, 사람들 간의 교류를 가질 기회가 적고, 가정교육의 문제일 수도 있으며, 개인적인 성향 등으로 인사를 회피하고 사람도 피하는 등 서로 눈을 맞추며 대화하기를 어려워하고 있다.

어떤 과학자는 "미래 인류의 엄지손가락은 스마트폰에 적합한 'ㄱ'자 모양으로 진화할 것"이라고 했다. 참으로 끔찍한 예언이지만, 그렇게 될 수도 있을지 모를 일이다.

TPO에 적합한 인사말이라 하면 왠지 어려워 보이지만, 실제로는 너무도 응용하기 쉽고 사용하기에 좋은 말들이 많다. 어쩌면 이미 잘하고 있는 사람들도 있으리라 생각한다.

인사말은 너무 진지하거나 길게 해야 한다는 부담을 가질 필요는 없다. 그날그날 상황이나 시간대, 그리고 장소에 적절히 사용할 수 있는 인사말이면 충분하다. 점심 전인데 날씨가 쌀쌀하다면 "따뜻한 메뉴로 맛있게 드세요." 한다든지, 생일이면 "오늘 세상에서 가장 행복한 사람이 되시길~~" 등의 종류면 된다.

그렇다면 TPO에 적합한 인사말을 연습해 볼까?

시간(Time)

아침 ~ 점심 :

점심 ~ 저녁 :

저녁 ~ :

출근시간 & 퇴근시간 :

▸▸ 시간Time에 적합한 인사말은 상대에 대한 예의를 지키는 모습으로 보여지기도 하고, 센스 있고 상대를 기분 좋게 할 수 있는 인사이므로, 시간에 맞게 적절한 인사말을 준비하여 출근길에 만나는 직장 동료(선 · 후배)들에게 적극적으로 활용해 보도록 하자. 특히 출근할 때나 아침에 하는 인사의 경우는 밝게(밝은 표정과 음성) 하는 것

이 좋다. 왜냐하면, 하루를 시작하는 시간대이므로 우울하고 차분한 인사보다는, 밝은 인사를 주고받는 것이 서로에게 좋지 않을까? 만약 무표정한 얼굴에 인사말도 없는 인사를 받는다고 상상해보자.

퇴근할 경우에는 먼저 퇴근하는 것을 알리는 인사("먼저 퇴근하겠습니다.")보다는 내일을 기약하는 인사("내일 뵙겠습니다.")라든지, 함께 하루를 애쓴 동료들을 격려하는 인사("오늘도 수고 많으셨습니다.") 등이 더 바람직할 듯하다.

예를 들어, 껌을 하나 전해줄 때 "이거! 자~~" 하는 것보다는 "내꺼 살 때, 네가(대리님 또는 과장님) 생각이 나서 하나 더 샀어." 또는 "잠 올 때 씹어~~" 하는 말을 덧붙이는 것은 똑같은 껌을 주고받는 사람이라도 기분이 참 다를 것이다.

그러나 저녁시간에 "좋은 하루 보내세요."라고 하는 식의 인사말은 참 엉뚱하고 성의 없어 보일 수 있으니 주의해야 한다.

장소(Place)

장례식장 & 병원에 입원한 환자방문 :

결혼식 & 생일 :

화장실 · 전철 · 버스 · 식당 등 공공장소 :

계단에서 상사를 만났을 때 :

복도에서 상사를 만났을 때 :

▶▶ 장소Place는 너무도 다양하기 때문에 적절한 인사말도 상당히 다양하다고 할 수 있다. 축하할 장소일 경우에는 진심을 담아 좋은 인사말을 전하면 되고, 반대의 경우라면 안타까움과 슬픔을 공유하는 적절한 인사말이면 충분하다.

그러나 특정장소(화장실)에서는 정중한 인사나 긴 인사말 등이 필요하지 않다. 오히려 그런 인사는 예의에 어긋나고 상대를 불편하게 만들 수 있기 때문이다. 그리고 어떤 장소(식당)에서도 간단한 인사로 식사시간을 방해하지 않도록 하는 것이 좋으며, 또한 전철 대기장소나 버스정류장 또는 전철 · 버스 내에서는 회사 공간을 벗어나 자신만의 시간을 갖는 것을(음악듣기, 개인통화, 스마트폰 활용 등) 원할 수 있으므로, 간단한 목례 정도의 인사를 하는 것이 바람직하다. 그러나 상대가 다가와 대화를 원한다면 받아주는 것이 어떨까?

계단에서 상사를 만났을 때는 협소한 장소이므로 간단히 목례로 인사하고, 복도에서 상사를 만났을 때는 보통례나 정중례(상대에 따라)로 인사를 하면 된다. 그리고 상사가 먼저 지나가도록 사선걸음으로 약간 비켜서도록 한다.

▶▶ 상황Occasion의 날씨에 대한 인사말은 상대적으로 쉽다. 자신의 느낌이나 상대의 느낌을 묻는 정도면 된다. 그리고 어려움에 처한 사람에게 지나치게 긍정적인 말은 적합하지 않으므로, 위로가 필요한 동료나 친구에게는 함께 아픔이나 상황을 공감하는 정도의 인사말이나 안부를 묻는 정도의 인사가 적절할 듯하다.

서비스업체에서는 동시에 두세 명의 고객을 응대하는 경우가 많다. 저자의 경험에 비추어보면, 모 전자제품 매장직원의 경우 "먼저 오신 고객님을 응대하고 도와드리겠습니다. 차 한 잔 준비해 드릴까요? 테이블에서 기다리시거나 매장을 한 번 둘러보시겠습니까?" 이런 내용으로 응대를 하였다. 이 정도의 내용을 기본으로 하는 인사말이나 응대를 하면 될 듯하다.

근무 중 외출이나 외근을 나갈 때는 상사와 주변 동료들에게 외출/외근 목적, 장소, 소요시간, 귀가시간 등을 자세하고 분명하게 말하고 나가야 하며, 상사나 동료가 부재중일 경우 반드시 메모로라도 알려놓는다. 특히 돌아왔을 때는 업무내용을 바로 보고하는 것이 원칙이다.

상황(Occasion)

출근할 때 & 퇴근할 때 :

비가 오거나 눈이 오거나 등 날씨 :

상심한 동료 및 취업이 해결되지 않는 친구 :

두 명의 고객이 동시에 응대할 경우 :

전화를 받으면서 응대를 해야 할 경우 :

근무 중 외출을 하거나 외근 나갈 때 :

TIP **여기서 잠깐만!!!**
이럴 땐 이렇게!!! 이럴 땐 어떻게 해야 하나요?

1 회사 내에서 또는 매장 내에서 여러 번 마주치는 상대나 고객에게?

- 자주 여러 번 만나는 상사나 고객의 경우, 만날 때마다 보통례(최초 한 번 인사 때 실시)와 같은 격식을 갖추어 인사할 필요는 없다.
- 표정에 신경을 쓰고, 간단한 눈인사로도 충분하다.

2 앉아서 업무를 하고 있는데, 상사가 지나가거나 다가올 때?

- 업무를 하더라도 사람이 다가오거나 지나갈 때 느낌으로 파악이 된다.
- 지나가는 상사와 눈이 마주치면 가볍게 눈인사를 하면 되고, 다가오는 상사라면 의자를 상사가 오는 방향으로 조금 돌리거나 잠깐 일어서는 게 좋다.
- 같이 컴퓨터를 봐야 하는 상황이라면 모를까, 지시를 받는 상황이라면 일어서서 업무지시를 받도록 한다.

3 계단이나 복도에서 상사를 만났을 때?

- 계단에서 상사를 만났을 경우, 본인이 상사보다 위 계단에 있다면 상사와 거리를 좁힌 후 인사를 하고, 복도가 좁으므로 서로 부딪히지 않도록 상사가 지나갈 수 있도록 사선걸음으로 또는 몸을 약간 틀어 비켜서도록 한다.
- 복도에서 만난 경우는 마주치는 순간(발견하는 순간) 인사를 하면 되는데, 거리가 먼 경우라도 인사를 하는 것이 바람직하며 가까워졌을 때 한 번 더 인사를 하도록 한다.

4 전화를 받고 있는데, 상사가 다가오는 경우

- 전화를 받고 있을 때 상사가 다가오면 우선 일어나 목례를 한다.
- 전화 상대와 내용의 경중을 따져 전화응대를 잠시 멈추고 상사를 응대할지를 결정한다.
- 상사가 당신이 통화 중인걸 파악하고 돌아간다면, 전화통화를 가능한 빨리 마무리하고 상사를 찾아가도록 한다.

5 상사나 어른들이 모여 식사를 하고 있는 경우

- 그 대화를 방해하는 것은 바람직하지 않고, 인사를 주고받는 이유로 대화를 끊기게 하는 것도 좋은 상황이 아니다.
- 정중히 인사를 하고 조용히 지나가도록 하는 것이 이상적이고, 단 그들이 불러 세우거나 대화를 시도한다면 응해야 된다.

(3) 좋은 인상을 남기는 인사 포인트

① 눈치 보거나 기다리지 말고 먼저 하기!

- 주저주저하지 말고 인사해야 할 대상이 보이면 바로 행동으로 옮긴다.

② 눈을 피하지 말고 마주치며 밝게 인사하기!

- 눈을 피하는 인사는 하고 싶지 않은 인사를 억지로 하는 것처럼 보이거나 반갑지 않은 대상인 것처럼 느낄 수 있으므로, 눈을 보며 밝은 표정으로 인사한다.

③ 상황에 맞는 인사하기!

- 화장실, 엘리베이터, 병원, 회의실 등 장소와 상황을 눈치껏

파악하여 적합한 인사를 한다.

- 화장실 : "수고하세요."(×)

  "먼저 실례하겠습니다.(O)

- 병 원 : "치료 잘 받으세요. 쾌유를 빕니다."(O)

  "병원비 비싸지?(×) 병실에 환자가 적은 데로 옮겨!"(×)

④ 인사말은 빼먹지 말기!

- 고개만 까딱 하는 인사는 성의 없어 보이며, 받는 사람 입장에서는 인사를 하는 사람도 무기력해 보일 뿐만 아니라 받는 사람도 반갑지 않다. 상황에 맞는 인사말을 반드시 함께 사용한다.

⑤ 멈춤 또는 정지동작으로 인사하기!

- 뛰어가면서 또는 급하게 인사를 하거나 하던 일을 하면서 인사를 하게 되면 예의 없어 보이고 성의도 없어 보이므로, 바쁘더라도 단 '1초'라도 멈춤 또는 정지하고 인사한다.

TIP **여기서 잠깐만!!!!**
이런 인사는 안 받고 싶어요!!! 이런 인사는 NO!NO!NO!

1 눈을 마주치지 않고 하는 인사

2 자신이 하던 일을 멈추지 않고 하는 인사

3 아무 말 없이 고개만 까딱하는 인사

4 타이밍을 놓친 인사(우물우물하거나 망설이다가 하는 인사)

5 상황에 맞지 않는 인사말과 인사(예 : 3~4시 사이에 "점심 맛있게 드셨어요?" 또는 늦은 저녁에 "좋은 하루 보내세요." 등)

〈NEWS〉 함께 생각해 볼 뉴스! 당신의 생각은 어떤가요?

'본받을게 없는 상사' vs '남 탓만 하는 부하' … 말 많은 사람은 최악

- 현대모비스 사보팀 521명 임직원 설문조사
- 자기말만 하고 말 많은 사람이 최악의 꼴불견
- 상사, "후배들, 남 탓하지 않았으면"
- 부하, "상사들, 본받을게 있었으면"
- 갈등대처법, "참는다." vs "대놓고 얘기한다." 팽팽

남의 말에 귀를 기울이지 않는 경청(傾聽)하지 않는 사람이 직장 내 최고의 꼴불견으로 꼽혔다. 또한 상사는 남 탓하지 않는 부하를, 부하는 본받을게 있는 상사를 바라는 것으로 조사되었다.

14일 현대모비스 사보팀이 최근 임직원 521명을 상대로 '현대모비스인(人)이 생각하는 베스트 & 워스트 직장인은?'이라는 주제로 설문조사한 결과, 이같이 나타났다. 직장 내 꼴불견을 묻는 질문에 가장 많은 42%가 '자기 말만 하거나 말이 너무 많은 사람'을 선택했다. 이어 '근무시간에 다른 일하며 뺀질거리는 사람(27%)', '공공매너를 안 지키는 예의 없는 사람(27%)'이 뒤를 이었고, '눈에 거슬리는 복장, 위생관념이 없는 사람', '군대문화와 집단문화를 강요하는 사람', '아부만 하는 사람' 등이 소수의견으로 있었다.

이는 최악의 직장인을 묻는 질문과도 연결된다. 비호감 직장인 1위는 '소통 불가형'이었으며 '이기적인 사람', '책임감 없는 사람'이 그 뒤를 이었다. 두 문항의 결과를 종합해보면, 현대모비스 임·직원은 '타인을 배려하지 않는 이기적인 사람'을 워스트 직장인으로 생각했다.

상사와 부하가 서로에게 바라는 점에서도 차이를 보였다. 상사는 가장 많은 40%가 남 탓, 상황 탓의 핑계를 대지 않기를 바랐다. 이어 '지시사항을 존중하고 설득력 없는 자기주장은 하지 말았으면(30%)', '근무시간에 딴 짓 좀 안했으면(16%)', '시키는 일이라도 제대로 해줬으면(4%)' 등이 뒤를 이었다. 기타 의견으로는

▲기본적인 예의를 지켰으면, ▲역할과 그 역할의 수행에 따른 책임을 따지지 말고 다양하게 경험해봤으면 등이 있었고, "많이 도와주지 못해 미안합니다."라는 의견도 있었다. 아래 직원이 상사에게 바라는 점에서는 44%가 보고 배울 수 있는 솔선수범 자세를 보여주는 것이라고 꼽았다. 이어 '퇴근시간 임박해서 업무지시 좀 하지 말았으면(29%)', '잘한 것은 칭찬 좀 해줬으면(19%)', '성과를 독식하지 말고 함께 나눴으면(5%)' 등이 뒤를 이었다. 기타 의견으로는 야근을 강요하거나 막무가내로 업무지시를 하지 말고 화날 때는 한 번 삭히고 말해주기를 바랐다.

동료 선·후배와의 갈등대처 방법으로는 '내색하지 않고 참는다.(35%)'와 '대놓고 이야기한다.(33%)'가 주를 이루었다. 그리고 '뒤에서 동료들에게 하소연을 한다.(19%)', '비협조와 무시하기 등 소소하게 복수한다.(9%)' 등의 대처법도 있었다. 기타 의견으로는 ▲'티타임이나 술자리 등 사외공간에서 적절한 타이밍에 이야기한다.' ▲'다름을 이해하려고 노력한다.' ▲'웃으면서 돌려서 이야기한다.' 등이 있었고, '로또를 산다.'는 응답도 있었다.

(아시아경제, 2017.11.14. 이경호 기자)

▶ 기사를 읽고 느낀 점은 무엇인가요?

<NEWS> 함께 생각해 볼 뉴스! 당신의 생각은 어떤가요?

한국인 직장인 행복도 49위 … '젠틀맨 키워라!'

- 한국인 직장인 행복도 낮은 원인은 '직장 내 비매너행동'
- 비매너행동 3가지 유형 … '썩은 사과'는 빨리 제거해야
- 매너 있는 '젠틀맨'을 키우기 위한 3가지 요건 제시

우리나라 직장인들의 행복도는 세계 최하위 수준이다. 지난해 글로벌 마케팅업체 유니버섬(Universum)이 57개국 20만 명 이상의 젊은 직장인을 대상으로 행복도를 조사한 결과, 우리나라는 49위로 나타났다. 이 조사에서 1위는 덴마크, 2위는 노르웨이로 나타났으며, 우리나라는 싱가포르(17위), 중국(27위), 필리핀(34위), 태국(40위), 베트남(41위), 일본(47위)보다도 낮은 수준이었다. 세계 최장 수준의 근로시간을 감안할 때 행복도 조사에서 하위권을 기록하는 것도 무리가 아니다.

우리나라 직장인들의 행복도가 낮은 원인과 해결방법에 관련하여 최근 포스코의 경영연구원이 '직장 내 젠틀맨, 성공할 수 있는가?'라는 제목의 이슈 리포트를 발표해 주목된다. 보고서는 우리나라 직장인들의 행복도가 낮은 원인부터 분석했다. 직장인들의 행복도가 저조한 것은 '직장 내 스트레스'가 많기 때문인데, 스트레스의 주요 원인으로는 과도한 업무나 실적 압박이 아닌 '상사와 동료 사이의 관계'가 중요 이슈로 부각되고 있다는 지적이다.

최근 <한국심리학회지>에서도 직장인 10명 중 1명은 거의 매일, 5~6명은 월 1회 이상 직장 내 상사나 동료로부터 괴롭힘을 받는 것으로 보고되고 있다. 괴롭힘도 은따(은근히 따돌림), 방폭(혼자 카톡방에 남겨두고 나감) 등 다양한 비매너 행위로 진화되는 것으로 나타나고 있다.

보고서는 또 직장 내 비매너 행위의 유형을 3가지로 분류했다.

첫 번째가 '창피주기'이다. 빈정대는 말이나 공연한 트집, 공개적으로 실수 지적하기 등 주로 언어적 모욕과 혹평을 활용해 상대방의 자존심을 상하게 하는 행위를 말한다.

두 번째는 '소극적 적대행위'이다. 직접적으로 상대를 공격하지는 않지만, 오랫동안 반복적으로 상대방에 대한 부정적 분위기를 만들고, 본인에 대한 피드백을 공격이라 간주하여 과격하게 대응하는 행위이다.

세 번째는 '업무방해'이다. 직장 내 원활한 업무수행을 위해 늘 상호 협

조가 필요함에도 불구하고, 상대방의 매너 있는 요청에도 무시 또는 납득하기 어려운 이유를 들어 협조를 거부하는 것을 말한다.
보고서는, 이같은 행동을 보이는 매너 없는 사람은 약자에게 강하고 강자에게 약한 '여유토강(茹柔吐剛)' 자세를 보인다고 말한다. 이같은 비매너 행위가 강한 자기표현 또는 성공비결이라고 착각하기 쉬우나, 실제로 매너 있는 직원의 성공 가능성이 높다는 지적이다. 영국 거바시 교수팀 연구에서도 직원들은 매너 있는 동료를 무례한 동료보다 2배 더 실질적 리더로 인식하고 있으며, 정보를 공유하고 싶은 마음도 59% 더 높아져서 매너 있는 직원의 직장 내 성공 가능성이 더 높은 것으로 나타났다.
보고서는 이어 매너 있는 직원의 행동을 역할에 따라 3가지 유형으로 제시하고 있다.
'리더'로서 매너 있는 행동이란, 부하 직원에게 '겸손한 리더'의 모습을 갖추고 정확한 목표의식, 심리적 안정감, 결과에 대한 책임을 지는 행동을 의미한다. 리더 본인의 스트레스와 감정을 통제할 수 있어야 하며, 업무 및 회의과정 시 부하직원들이 어떤 이야기든 마음 편하게 할 수 있도록 심리적 안정감을 제공하는 것이 성과달성에 매우 중요하다는 이야기다.
'동료'로서 매너 있는 행동은 자신의 감정을 누그러뜨리고 주위사람과 감정의 조화를 이뤄 공감을 얻으려고 노력하고 타인을 배려하는 것을 말한다.
'직원'으로서 매너 있는 행동은 조직을 위해 자발적으로 헌신하는 조직시민행동의 자세로 조직에 관심을 가지고 양심적으로 행동하는 것을 의미한다.
이같은 매너 있는 직원이 성공하기 위해서는 본인은 물론 동료와 회사의 노력 등 3가지가 모두 필요한 것으로 지적되었다.
먼저 젠틀맨 스스로 무능력, 예스맨 이미지를 탈피하려는 노력을 기울여야 한다는 지적이다. 실력과 매너를 겸비하기 위해 부단한 자기계발 노력을 기울이고, 강자에게도 당당한 기백을 갖출 필요가 있다는 이야기다. 영화 킹스맨의 주인공 해리와 같이 평소에는 친절하지만, 불량배들을 만났을 때는 "매너가 사람을 만든다(Manner Maketh Man)."라고 말하며 철저하게 응징할 수 있는 능력을 보유해야 한다는 설명이다.
또 일부 상사나 동료로부터 받은 비매너 행위를 적극적으로 이슈화하고, 젠틀맨의 매너행동에는 칭찬과 감사를 전하는 노력을 기울여야 한다는 설명이다. 비매너 행위를 당하고도 그들의 업무능력이나 영향력 있는 사람들과의 친분·보복의 우려 등 다양한 이유로 덮어버리는 경우가 많으나, 더 많은 피해자를 만들지 않기 위해 상사나 감사조직 등 주위에 알려야 한다는 뜻이다.

마지막으로, 회사 차원에서도 비매너 행동 모니터링 방안을 마련하고, 젠틀맨의 가치를 높게 인정하며 전사 차원의 확산 방안을 마련해야 한다고 지적한다. 조직 내 비매너 행위는 직원들 사이에서 쉽게 학습되어 확산되기 쉬운 '썩은 사과' 같은 존재여서 조기에 발견해서 조치하지 않으면 비매너 행위자가 사라져도 조직 내에서 지속적으로 나타날 수 있다는 뜻이다.

보고서는 기업이 위기에 빠졌을 때 다시 일으킬 수 있는 힘은 직원들의 몸에 밴 습관이며, 조직 내 젠틀맨의 성공은 좋은 습관을 갖게 하는 힘이 될 것이라고 강조한다. 실력과 매너를 겸비한 젠틀맨이 조직 내에서 성공하여 리더가 되고, 그들의 행동이 조직 내 전파될 때 최근 기업 내 이슈가 되고 있는 각종 힘희롱, 성희롱 등도 방지하고 건전한 기업 문화를 구축할 수 있다는 지적이다.

(헤럴드경제, 2017.12.23. 박도제 기자)

▶ 기사를 읽고 느낀 점은 무엇인가요?

2) 비즈니스 세계에서 지배적인 인사법 – 악수

(1) 올바른 악수법

- 손을 잡을 때는 상대를 제압하듯 힘을 너무 주어 세게 꽉 잡지 않아야 하고, 반대로 힘없이 너무 느슨하게 잡으면 성의 없게 느껴질 수 있다.

- 오른손만 사용하여 악수를 하는 것이 기본이다. 그러나 아주 가까운 사이거나 신뢰하는 사이에는 반가움의 표현으로 왼손으로 오른손을 감쌀 수도 있다.
- 잡은 손의 위치는 서로의 가슴 아래~허리선 정도 사이가 적당하고, 가슴까지 올리거나 허리 아래로 더 내려가지 않도록 한다.
- 2~4초간 정도면 적당하고, 가볍게 흔든다(친근한 사이라면 더 오래 잡을 수도 있다).
- 악수를 할 때는 시선을 회피하지 말고 반드시 상대를 보도록 한다.
- 악수를 하는 동안 인사와 인사말 및 자기소개를 간단히 한다.

악수 위치가 높은 상태

악수 위치가 적당한 상태

• 악수를 하는 동안에는 머리를 숙이거나 허리를 숙이지 않고 대등한 위치에서 하는 것이 서양식 악수의 일반적인 매너이지만, 대통령

이나 어른 · 왕족 · 존경하는 분과 악수를 할 때는 머리를 숙이거나 허리를 숙여 존중과 존경의 마음을 더 표현하는 악수 태도를 취할 수 있다.

(※기타 : 상황별로 악수의 방법에 예외가 있긴 하지만, 여기서는 그런 부분은 생략하고 악수 시에 기본적으로 지켜야 하는 부분만 서술한다.)

(2) 주의사항

• 장갑을 끼고 있을 때는 장갑을 벗도록 한다.
• 혹시 땀이 많이 나는 경우는 악수 직전 손수건으로 땀을 제거하는 것이 상대에 대한 배려이다.

• 손에 무엇인가를 들고 있다면, 내려놓거나 악수하지 않는 손으로 옮긴다(가방, 음료 등).
• 상대방의 팔을 지나치게 자신 쪽으로 당기지 않도록 한다.
• 친한 사이거나 나이나 직급 차이가 많이 나지 않는 경우를 제외하고는, 악수를 할 때는 같이 서서 하거나 같이 앉아서 하는 자세를 취하도록 한다.

〈NEWS〉 함께 생각해 볼 뉴스! 당신의 생각은 어떤가요?

같이 일하고 싶은 상사·후배는 누구?

전남개발공사, 전체직원 110명 대상의 설문, '명쾌하게 결정하는 상사 – 성실하고 배우려는 후배' 1위 직장인들은 어떤 상사, 어떤 유형의 후배와 함께 일하고 싶어할까? 결론부터 말하자면, '명쾌하게 결정을 내릴 줄 아는 상사', '성실하고 뭐든지 배우려는 후배'를 가장 선호하는 것으로 나타났다.

29일 전남개발공사가 사내소식지 〈남도의 창〉 창간에 맞춰 전체직원 110명을 대상으로 실시한 '나를 화나게·기쁘게 하는 사람들'이라는 의식조사 결과에 따르면, 가장 이상적인 상사로는 '업무의 방향과 결론을 명쾌하게 결정하는 상사(36%)'가 첫 손에 꼽혔다. 이어 '팀의 비전, 개인의 역량을 키워주는 상사(24%)', '삶에 대한 태도가 존경스러워 멘토로 삼고 싶은 상사(14%)', '부하직원의 의견과 이야기를 경청하는 상사(14%)' 등이 뒤를 이었다. 같이 일하고 싶은 후배 유형으로는 '성실하고 배우고자 하는 의지가 강한 직원(44%)'을 가장 많이 선호했으며, '센스 있고 싹싹하여 다른 직원과의 유대관계가 좋은 직원(24%)', '매사에 긍정적인 직원(18%)' 등을 꼽았다. 상사에게 듣는 가장 기분 좋은 말은 "고생했어, 수고했어.(41%)", "요즘 힘들지? 힘내.(22%)", "아주 잘했어. 역시 자네 밖에 없어.(16%)" 등과 같은 칭찬과 격려의 말들을 꼽았다.

반면, 가장 꼴불견 상사로는 '상급자에게는 예스맨이면서 부하직원들을 함부로 대하는 상사(32%)', '스트레스 조절을 못해 히스테릭한 상사(26%)', '공사 구분 못하고 개인잡무 시키는 상사(17%)', '부하에 대한 기대가 없고 불신하는 상사(15%)' 등으로 조사되었다.

또 꼴불견 부하직원으로는 '능력 없으면서 배우려는 의지도 없는 직원(27%)', '뻔한 거짓말과 변명으로 책임회피만 하려는 직원(27%)', '상사에 아부하며 줄 대는 직원(21%)' 등의 유형이다.

(뉴시스, 2011.09.29. 송창헌 기자)

▶ 기사를 읽고 느낀 점은 무엇인가요?

2. 직장 내 곤란한 상황을 Role Play로 준비해볼까요?

CASE 1 직장상사가 지시한 업무 또는 퇴근시간 쯤에 전달된 업무를 처리하느라 퇴근시간이 새벽이다. 집에 오가는 시간을 빼면 업무 준비를 위해 쉴 수 있는 시간이 겨우 몇 시간인데, 이럴 때도 정시에 출근해야 하나요?

➲ 회사의 출·퇴근 시간은 모든 직원이 지켜야 하는 시간이고 규칙이다. 미리 서로 양해가 되고 조율이 되지 않은 상태에서는 출근시간을 지키지 않는 것은 바람직하지 않다. 그렇다면 위와 같은 상황에서는 어떻게 해야 할까?

CASE 2 어제 상사(또는 선배)로부터 호출을 받아 업무관련 지시를 받았는데, 하루 지나고 나니 어떤 지시를 받았는지 기억이 나질 않아요. 어떻게 해야 하나요?

CASE 2.1 상사에게 지시받은 일을 깜박 잊고 처리를 못했는데, 어떻게 해야 하나요?

CASE 3 입사한지 일주일째! 일찍 출근하는 것이 신입사원의 도리라고 생각하지만, 아침에 일찍 일어나는 것도 힘들고 일찍 와서 할 일도 없고…. 신입사원은 언제까지 일찍 출근해야 하나요?

➲ 일찍 출근하는 것을 시간낭비이고 할 일이 없다고 생각하지 말자. 그 시간을 활용하여 얼마든지 자기계발이나 업무를 익히는데 도움이 될 수도 있으니, 생각을 바꾸는 것이 어떨까?

CASE 4 상사한테 호출을 당해 야단맞을 때 "죄송합니다."라는 말이 안 나와요. 진짜 뭘 잘못했는지 모를 때가 많아요. 또는 잘못을 했다 하더라도 "잘못했습니다."라는 말이 안 나와요. 이럴 땐 어떻게 해야 하나요?

CASE 5 상사 중에 꼭 퇴근시간 맞춰서 일을 지시하는(시키는) 사람이 있어요. 퇴근 후 약속이 없을 때 몇 번은 기꺼이 했는데, 제 약속까지 미뤄가며 꼭 그 일을 해야 하는지 모르겠어요. 화도 나고…. 이런 상사한테 어떻게 대처해야 하나요?

➲ 기꺼이 해준 것은 해준 것으로 놔두고, 앞으로 비슷한 상황에서 어떻게 할 것인지를 고민하는 것이 맞다. 자신의 일이 중요한 일이라면 솔직히 상사에게 말하고, 자신의 일을 다소 미루어도 될 일이면 상사가 지시하는 업무를 하는 것이 어떨까? 하지만 요즘은 퇴근 후 행복한 삶을 지지하고 인정하는 분위기이기 때문에 상황에 맞게 처신하도록 해야 한다.

CASE 6 신입으로 입사해서 같은 부서에 멘토링 선배가 있는데, 늘 모르는 게 있으면 물어보라고 해서 업무를 숙지하고 일을 하다가 모르는 부분을 물어보는 일이 많았어요. 그런데 좀 짜증스럽게 저를 대하는 것 같아서 속상할 때가 많아요. 모르는 건 물어보라고 해놓고는 왜 짜증을 내고 성의 있게 가르쳐주지 않는지 이해가 안돼요. 제가 잘못한건가요? 뭐가 문제인가요?

➲ 선배가 문제일까? 아님 신입사원인 당신이 문제일까? 당신이 몰라서 물어보는 내용이 어떤 내용인지 한 번 확인해보는 건 어떨까?

CASE 7 회사 일로 외근 나갈 때 주변 동료들이 자신들이 필요한 잔심부름을 많이 시켜요(스타킹, 약, 커피 등). 거절하기도 애매하고 사 주자니 제 일도 서둘러 끝내야 하고, 귀찮기도 하고, 신경도 쓰이고! 어떻게 대처해야 하나요?

➲ 모든 사람에게 좋은 사람일 수는 없다. 모든 사람에게 호감을 받으려던 또는 좋은 사람으로 보이고자 했던 자신의 예전습관이나 친절이 낳은 결과일 수도 있고 아닐 수도 있다. 부탁에 대해서 애매하게 대답하면 기대를 하기 때문에, 서로 곤란한 일이 생길 수도 있음을 명심해야 한다.

CASE 8 과장님과 대리님이 사이가 안 좋아요. 저를 가운데 두고 따로 불러서 저한테 서로 험담을 하는데, 진짜 너무 괴롭습니다. 부르는데 안 갈 수도 없고…. 어떻게 대처해야 하나요?

➲ 어디든 편을 들지 않는 것이 기본이다. 그리고 언제 두 사람의 관계가 좋아질지 모르므로 늘 행동과 말을 조심해야 한다.

CASE 9 식사를 같이 하고(또는 커피를 같이 마시고) 남은 잔돈이 있는데, 백 원짜리나 십 원짜리를 여러 명에게 나눠주기가 어색할 때가 있어요. 그렇다고 제가 다 가지고 있자니 신경이 쓰이기도 하고…. 좀 세련되게 전달해드리는 방법이 있을까요?

CASE 10 회의 중에 볼펜을 똑딱거리거나 돌려 신경이 쓰여, 회의에 집중하기가 곤란해요. 하지 말라고 말하기도 쉽지 않고, 어떻게 대처해야 하나요?

<NEWS> 함께 생각해 볼 뉴스! 당신의 생각은 어떤가요?

꼴불견 상사 1위 '무조건적 복종 강요'

직장에서 끊임없이 부딪쳐야 하는 상사 및 동료, 후배 직원 사이에는 선호하는 유형과 기피하는 유형이 있기 마련이다. 이런 가운데 직장인들은 가장 닮고 싶지 않은 상사로 무조건 복종을 강요하는 권위형을, 눈살 찌푸려지는 후배로는 조직 업무보다 개인 일을 우선순위로 두는 유형을 꼽았다는 조사결과가 나왔다.

27일 〈인크루트〉와 리서치 전문기관 〈엠브레인〉에 따르면, 최근 직장인 1,075명을 대상으로 '후배직원과 상사에 대한 상호인식' 설문조사를 한 결과, 이같이 나타났다. 먼저, 닮고 싶지 않은 상사로는 '무조건 복종을 강요(16.4%)'하는 유형에 이어서 '반말하고 무시하며 함부로 대할 때(11.4%)'라고 대답, 윗사람의 강압적인 태도에 가장 큰 불만을 느끼는 것으로 파악됐다. 또 '앞·뒤 말이 다르고 겉과 속이 다를 때(10.1%)', '자기업무를 아랫사람에게 시킬 때(7.2%)', '하는 일 없이 빈둥대는 모습을 보일 때(7.2%)', '딱 자기 할 일만 하고 아랫사람은 신경 쓰지 않을 때(6.8%)', '무능력하고 보수주의적인 모습을 볼 때(6.4%)', '꼬투리 잡기만 하는 모습(6.0%)', '학연·지연 따지며 아랫사람을 편애할 때(4.8%)', '예전의 방식을 고수하며 안주할 때(4.3%)' 등이 꼽혔다. 반면, 후배직원이나 신입직원을 보면서 눈살이 찌푸려지는 경우는 '업무나 조직보다는 개인적인 일이 먼저일 때(16.2%)'란 응답이 가장 많았다. 아울러 '상사를 너무 스스럼없이 대할 때(10.2%)', '힘든 일은 꺼리고 쉬운 일만 하려고 할 때(9.9%)', '자기주장이 강하고 하고 싶은 말을 직설적으로 할 때(9.2%)', '딱 시킨 일만 하고 더는 하지 않으려 할 때(9.0%)'에도 격세지감을 느끼는 것으로 나타났다. '눈치 안보고 인터넷쇼핑·게임 할 때(5.6%)'나 '이 일을 왜 해야 하는지 항상 설명을 요구할 때(5.6%)', '인사를 제대로 하지 않을 때(5.5%)', '불평불만부터 얘기하고 처음부터 안 된다는 부정적 태도(5.3%)', '잘못을 지적하면 꼬박꼬박 말대답과 변명을 할 때(4.6%)', '어물쩍 말을 반 놓고 반 높임말 할 때(4.2%)' 등의 의견도 있었다.

이광석 〈인크루트〉 대표는 "세월이 흐름에 따라 직장인들의 성향과 직장 내 문화도 달라지기 마련"이라며 "사람마다 사고방식과 살아온 문화가 조금씩 다른 만큼 원활한 직장생활을 위해서 서로 후배직원의 입장,

상사의 입장에서 생각해 보는 자세
가 필요할 것"이라고 말했다. (뉴시스, 2009.02.27. 박유영 기자)

▶ 기사를 읽고 느낀 점은 무엇인가요?

〈NEWS〉 함께 생각해 볼 뉴스! 당신의 생각은 어떤가요?

세상 어디에도 없는 '착한 상사'

나의 인생에서 결코 인연이 없을 것 같았던 착한 상사를 만났다.
그런데 세상 어디에도 없을 것 같은 착한 상사가 내 발목을 잡는다.

미워할 수도 없는 당신

지금의 상사를 처음 만났을 때 내 생에 드디어 봄날이 온 줄 알았다. 회사 윗사람이기보다 따뜻한 선배에 가까웠던 상사는, 모두에게 언제나 친절했고 한 번도 목소리를 높이지 않았다. 배려의 여왕답게 팀원들을 살뜰히 챙기기까지 했다. 업무와 관련한 고민은 당연히 진심을 다해 조언을 해 주었고, 인생 상담도 곧잘 해 주었다. 문제는 인사평가 때 터졌다. 팀장업무 3개월 차였던 상사가 인사평가를 상황판단 없이 매뉴얼 그대로 해버린 바람에, 나는 결국 승진 대열에서 미끄러지고 말았다. 보통 경험이 있는 팀장들은 승진 예정자를 배려해서 점수를 주는데, 곧이곧대로 평가서를 작성한 것이었다. 사람 좋다고 너무 믿은 나머지 내 밥그릇을 챙기지 못한 꼴이 되어버렸다. 부디 잊지 말기를 바란다. 이곳은 '눈 감으면 코 베어간다'는 오피스정글이다.

– L.IT 회사 IR팀

독이 되는 겸손

내 상사로 말할 것 같으면 겸손의 아이콘이다. 팀이 일을 잘해서 칭찬을 받아도 진심을 다해 겸손이 차고 넘치는 대답만 한다. 차라리 팀원들이 차려놓은 밥상에 자기는 숟가락만 얹었을 뿐이라고 말하든지, 회사도 결국 쇼맨십이 필요한 곳인데 변함없는 겸손의 자세로 "저희 팀이 한 일이 뭐 있나요?"라고 하니 바라보는 팀원들은 답답할 뿐이다. 회사생활의 필수덕목인 '뻔뻔함'을 탑재하지 않은 팀은 빛이 날 수가 없다. 다른 팀은 한 개도 열 개처럼 자랑스럽게 부풀려 말하는데, 우리 팀은 열 개를 해도 도무지 티가 나질 않는다. 오늘도 힘이 빠진다.

– Y출판사 편집부

내게 너무 착한 상사

나의 상사는 천생 착한 남자다. 그렇게 착할 수가 없다. 착한 친구, 착한 남편, 착한 아빠. 그런데 무능하다. 너무 착해서 사내정치도 잘하지 못해 회사에서 큰소리 한 번 내질 못한다. 그러다보니 말만 팀장일 뿐 힘이라곤 없다. 팀장이 힘이 없으니 우리 팀에는 억울한 일만 늘었다. 다른 팀 막내 인턴이 정규직 사원으로 전환될 때, 우리 팀 인턴은 여전히 인턴이었다. 티 안 나고 궂은일은 항상 우리 팀 몫이다. 송년회 장소를 찾는 것도, 워크숍 숙소를 알아보는 것도 전부 우리 팀이 담당한다. 팀 이름을 잔업처리반으로 바꿔야 할 지경이다. 힘없는 상사 아래에 있다는 건 내 커리어를 포기한다는 말이나 마찬가지다. 착한 사람은 회사 밖에서나 만나는 게 맞다. 좋은 상사의 덕목은 착한 성격이 아니라 팀원을 이끌고 키워줄 수 있는 능력이다.

– K전자 마케팅팀

오피스 춘추전국시대

우리 팀은 말 그대로 막장이다. 점심시간만 가까워지면 키보드 두드리는 손길이 빛의 속도로 빨라진다. 그러고 나면 삼삼오오 모여 밥을 먹으러 나가버린다. 한 번쯤은 다 함께 식사할 법도 한데, 꼭 친한 사람끼리 모여서 나간다. 일하다 보면 몇몇 직원이 메신저를 하며 키득거리기도 한다. 내 직속 후배는 내 말을 곧이듣는 법이 없다. 일을 지시하면 늘 핑계를 대느라 바쁘다. 팀장은 지금 자기 팀에서 어떤 일이 벌어지고 있는지를 다 알고 있다. 버르장머리 없는 후배, 기분 나쁘게 사람 따돌리는 무리, 일보다 뒷담화하느라 바쁜 사람들. 그런데 모질지 못한 성격 탓에 싫은 소리 한 번 못 하는 팀장은 막장으로 치닫는 팀 분위기를 외면한다.

– N식품회사 유통팀

말로 합시다.

오늘도 팀장은 출근하자마자 메신저로 말을 건다. 크지 않은 목소리로 말을 걸어도 충분한데, 늘 조심스럽게 타닥타닥 키보드를 두드리며 업무지시를 내린다. 이게 다 좋게 말하면 착해서, 나쁘게 말하면 소심해서다. 명색이 팀장인데 업무지시 하는 일이 뭐 그리 힘들다고, 매번 메신저 창으로 사적인 대화처럼 일을 시키는지 모르겠다. 얼마 전에 팀을 옮기고 싶어 팀장에게 말했더니, 다음날 메신저로 또 말을 걸었다. “다른 팀으로 가면 네가 하던 업무는 누가 하니?” 여보세요, 그건 당신이 해결할 일이에요.

– L디자인회사 디자인팀

(출처 : Marie Claire)

▶ 기사를 읽고 느낀 점은 무엇인가요?

소개편

1. 소개의 의미

인사와 비롯해서 소개는 인간관계와 비즈니스에서의 첫 스타트이고 첫걸음이다. 어떤 사람은 첫인상 형성이 만나서 2초, 7초, 30초 또는 2분 안에 결정된다고 주장한다. 2초, 7초, 30초 또는 2분이 중요한 게 아니라, 생각보다 짧은 시간 내에 첫인상이 결정되므로 첫 만남에서 무시하고 지나갈 매너는 없다고 할 수 있다.

비즈니스 관계에서 자신을 소개하고 상대를 소개받거나 또는 제3자를 소개시키는 것은, 그 자리에 있는 모든 사람에 대한 관심이고 존중의 표시이므로 소개는 올바르게 하고 순서를 지킨다. 그리고 첫 만남에서의 소개 내용과 방식은 개인의 이미지와 향후 인간관계에 영향을 미칠 수 있고, 비즈니스에도 영향을 미칠 수 있으므로 소홀히 할 수 없는 부분이다.

2. 소개의 방법과 순서

1) 소개의 방법

① 소개는 서로 서서 하도록 한다.

② 먼저 인사받을 사람을 호명하고, 다음에 인사할 사람을 소개한다.

- 윗사람(A)과 아랫사람(B)을 서로 소개시켜야 하는 상황에서, “A님! 이분은 B이십니다.”
- “대표님! 거래처 박주임입니다.”
- 특히 제3자가 두 사람(A와 B)의 모르는 사람을 서로 소개할 경우, A와 B의 간단한 개인정보나 설명을 덧붙이는 것도 좋은 분위기를 형성하기에 좋다.

③ 소개 시 또는 소개받을 경우 악수나 인사를 하며, 명함을 주고받고 자신의 소개를 간단히 한다(회사, 직위, 이름 등).

④ 소개를 주고받을 때는 상대방의 시선을 피하지 않고 환영, 존중을 표현하는 긍정적인 표정을 짓도록 한다.

2) 소개의 순서

사 례	먼저 부를 이름(인사를 먼저 받을 사람)
• 연소자와 연장자가 만났을 때	• 연장자(직급이나 직위, 직업 – 이사님, 사장님, 선생님, 총장님, 교수님, 박사님 등)
• 회사 동료나 임원과 고객이 만났을 때	• 고객
• 일반인과 관료가 만났을 때	• 관료
• 하급자와 상급자가 만났을 때	• 상급자
• 가족과 외부인이 만났을 때	• 외부인
• 남성과 여성이 만났을 때	• 여성
• 선배와 후배가 만났을 때	
• 한 사람과 여러 사람이 만났을 때	• 한 사람

위의 순서를 기본으로 하여 소개를 하면 예의에 벗어나지 않을 것이다. 어렵다면 이것 하나만은 기억하자! ‘인사받을 사람의 이름(직위, 직업 등)을 먼저 부른다.’이다.

사　례	소개 연습하기
• 같은 부서 대리와 다른 부서 과장이 만났을 때 • 백화점 임원과 고객이 만났을 때 • 본인의 어머니와 친구의 할머니께서 만났을 때 • 교수와 할머니가 만났을 때 • 교수와 어머니가 만났을 때 • 3학년 선배와 1학년 후배가 만났을 때	

〈NEWS〉 함께 생각해 볼 뉴스! 당신의 생각은 어떤가요?

지각 · 변명 · 카톡 … 신입사원 평판 까먹는 행동 8가지

뭐든 어색하고 낯설기만 한 신입사원들의 회사생활. 빨리 적응해 전력에 도움이 되고 싶지만 의욕만 앞서 실수를 저지르기가 일쑤다. 사실 신입사원에게 업무능력 만큼이나 중요한 것이 태도이다.

일본 리서치회사 DNM은 최근 신입사원을 바라보는 회사 선배들의 시선에 관한 조사결과를 발표했다. '신입사원이 해서는 안 될 어처구니없는 실수 · 행동 랭킹'이 그것이다. 전국 20세 이상 성인남녀 직장인을 대상으로 한 설문조사 결과 손꼽힌 신입사원들의 행동양식 8가지를 소개한다.

1위. 말투(29.2%) 신입사원들이라고 무조건 상냥한 말투를 쓰라는 의미가 아니다. 뭔가 거슬리는 말투, 속을 알 수 없는 말투, 반항적인 말투 등이 마이너스 요인으로 지적되었다.

2위. 인사를 안 한다(22.2%)
인사는 상대를 존중하는 마음을 담으면 그만이다. 과하지도, 모자라지도 않게 하면 된다. 신입사원 중에서는 "아침에 했는데, 점심때도 인사해야 하나?"는 질문이 적잖게 나왔다. 이에 대한 선배들의 생각은 "너보다 회사에 낮은 사람 없어. 아무나 마주치면 그냥 인사해"이다.

3위. 무단결근 및 지각(21.1%)
말투, 인사와 더불어 상사들이 가장 주목하는 행동이다. 툭하면 늦거나 무단으로 결근하는 사람은 아무리 직급이 높아도 손가락질을 받기 마련이다. 새파란 신입이 늦으면, 과연 주위에서 어떻게 생각할까?

4위. 변명을 자주한다(19.7%)
걸핏하면 변명을 늘어놓는 타입은 어디서든 환영받지 못한다. 실수를 인정하고 고개를 숙이는 편이 이기는 거다. 변명이 많은 후배가 신입으로 들어오면, 선배들은 매우 피곤해진다.

5위. 어처구니없는 행동을 한다(16.5%)
주의를 주는 도중에 웃음을 터뜨린다든가, 보고서를 요구했을 때 한숨을 크게 쉬는 등 예의와 상식에 어긋나는 행동은 절대적인 마이너스 요인이다.

6위. 전화가 아니라, 카카오톡으로 보고한다(13.9%)

요즘세태가 그렇지만, 신입은 주의할 필요가 있다. 직접 목소리로 의사를 전달하는 것보다 문자나 카톡으로 이야기하는 게 아무래도 편할 수밖에 없다. 다만, 이를 예의에 어긋나는 행동으로 보는 상사들도 꽤 있다는 점에 유의하자.

7위. 꾸벅꾸벅 존다(10.9%)
수면시간을 주거나 아예 수면실이 있는 회사가 많지만, 아무래도 신입은 눈치가 보인다. 피곤한 건 동료·선배들도 마찬가지다. 신입이라면 꿋꿋하게 졸음을 참는 게 미덕이 아닐까?

8위. 회사 물품을 멋대로 쓴다(8.1)
자기물건 아니라고 회사 물품을 낭비하는 신입사원도 꼴불견 리스트에 올랐다. 회사 물품을 상습적으로 집에 가져가는 사원들도 가끔 있는 모양이다.

(뉴스핌, 2017.10.26.)

▶ 기사를 읽고 느낀 점은 무엇인가요?

〈NEWS〉 함께 생각해 볼 뉴스! 당신의 생각은 어떤가요?

직장 내 최악의 상사는 '오리발형' … 스트레스 해소법은 '뒷담화'

어렵게 들어간 직장이지만, 꼴불견 '갑 상사'로 마음 고생하는 직원들이 많다. A씨는 최근 프로젝트를 진행하며 황당한 경험을 했다. A씨의 의견과는 달랐지만, 결정권자인 직속 상사가 지시한 대로 업무를 처리했는데, 성과가 나오지 않자 최종 보고 자리에서 상사는 A씨가 독단적으로 진행한 것처럼 책임을 고스란히 A씨에게 뒤집어씌우는 황당한 경험을 한 것이다.

그렇다면 직장인들이 생각하는 가장 최악의 상사는 어떤 유형일까? 취업포털 〈사람인〉이 직장인 2,356명을 대상으로 '최악의 상사 유형'을 조사한 결과 책임을 떠넘기거나 발뺌하는 '오리발형(18.8%)'이 1위를 차지했다. 2위는 감정적으로 일을 처리하고 감정의 변화도 심한 '감정기복형(14.1%)'을 꼽았다. 본인 기분에 따라 사소한 일에도 꼬투리를 잡거나, 개인적 친분여하에 따라 다른 태도를 취하는 상사에게 스트레스를 받는 직장인들이 많았다. 다음은 야근 등의 희생을 당연하게 여기는 '열정페이강요형(11.7%)'이었다. 실현하기 어려운 무리한 업무일정과 성과를 강요해 초과근무로 이어지게 하면서, 보상은커녕 격려도 없어 부하직원들을 낙담하게 만드는 유형이다.

이 밖에 약자에게 폭언, 성희롱, 갑질하는 '개저씨형(10.5%)', '나때는이랬어'라며 훈계, 자기기준을 강요하는 '꼰대형(10.4%)', 업무기준, 지시사항이 자꾸 바뀌는 '메멘토형(7.2%)', 손 하나 까딱 안하고 챙겨주길 바라는 핑거프린스 / 프린세스형(6.6%)' 순이었다. 이어서 놀면서 후배들의 공을 가로채는 '월급루팡형(5.7%)',

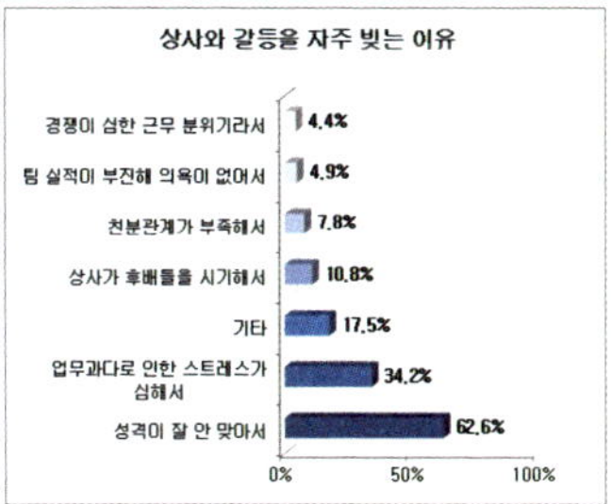

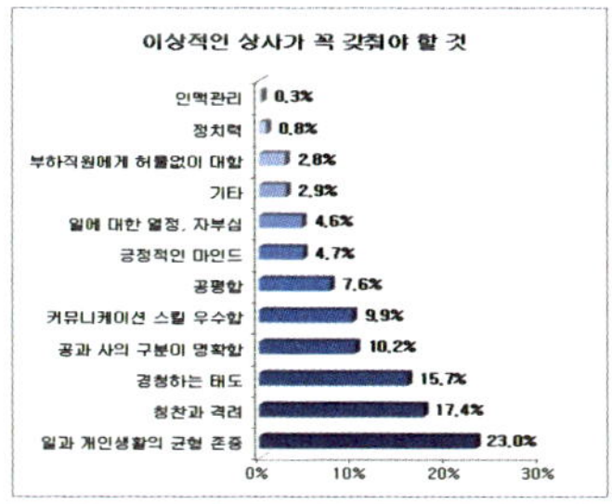

실현 불가능한 목표, 성과를 강요하는 '워커홀릭형(3.6%)', 일은 못하는데 쓸데없이 부지런한 '멍부형(3.1%)', 쓸데없는 미팅으로 업무시간 빼앗는 '회의(會議)주의자형(2%)', 수시로 업무나 사생활을 메신저로 보내는 '메신저감옥형(1.3%)' 등의 유형이 최악의 상사로 꼽혔다.

평소에 직속상사와 갈등을 자주 빚는 편인지에 대해서는 30.6%가 '그렇다'라고 답했다. 갈등을 빚는 이유로는 '성격이 잘 안 맞아서(62.6%, 복수응답)'를 첫 번째로 꼽았다. 다음으로 '업무과다로 인한 스트레스가 심해서(34.2%)', '상사가 후배들을 시기해서(10.8%)', '친분관계가 부족해서(7.8%)', '팀 실적이 부진해 의욕이 없어서(4.9%)', '경쟁이 심한 근무분위기라서(4.4%)' 등의 이유를 들었다.

그렇다면, 직장인들은 최악의 상사에 어떻게 대처하고 있을까? 절반에 가까운 45.2%(복수응답)가 '속으로는 싫어하지만 겉으로는 잘 지낸다.'라고 답했다. 이어서 '업무로 꼬투리 잡히지 않도록 한다.(36.6%)', '최대한 무시한다.(34.5%)', '퇴사 및 이직을 준비한다.(32.7%)', '은근히 기분 나쁘게 행동한다.(15.6%)', '더 높은 상사에게 보고한다.(5.1%)', '책임전가 등 골탕을 먹인다.(3.5%)' 등의 순이었다. 평소 상사로부터 받은 스트레스를 해소하는 방법으로는 가장 많은 40.8%(복수응답)가 '동료와 술을 마시며 뒷담화'를 한다고 밝혔다. 이외에도 '마인드컨트롤 등으로 잊으려고 노력함(38.5%)', '외부사람들과의 만남(28.9%)', '운동(17.7%)', '독서, 퍼즐 등 혼자 하는 취미활동(13.8%)', '음식 섭취 또는 폭식(13.6%)', '여행(8.9%)', '개인 SNS에 뒷담화(6.1%)' 등이 있었다.

한편, 직장인들은 이상적인 상사가 꼭 갖춰야 할 조건 1순위로 '일과 개인생활의 균형 존중(23%)'을 선택했다. 이어 '칭찬과 격려(17.4%)', '경청하는 태도(15.7%)', '공과 사의 구분이 명확함(10.2%)', '커뮤니케이션

스킬 우수함(9.9%)', '공평함(7.6%)', '긍정적인 마인드(4.7%)', '일에 대한 열정, 자부심(4.6%)' 등의 순이었다.

(데일리한국, 2016.08.23. 최영운 기자)

▶ 기사를 읽고 느낀 점은 무엇인가요?

3. 직장 내 곤란한 상황을 Role Play로 준비해볼까요?

CASE 11 사무실에 외부인이(보험, 카드, 차 세일즈 등) 오는데, 어떻게 해서 돌려보내야 하나요? 친절하게 응대하니 만만해 보일 것 같고….

➲ 본인이 꼭 돌려보낼 필요는 없으나, 그들도 직업을 수행하기 위해 방문했음을 인정하고 해결을 시도한다.

CASE 12 부서 회식에 가족기념일(또는 애인과의 기념일)이 겹쳤어요. 여기도 저기도 빠질 수 없는 상황인데, 어떻게 대처해야 하나요?

➲ 모두 중요한 일이라도 경중을 따져보면 판단이 설 것이니, 고민을 신중히 해보는 것이 좋다.

CASE 13 직장동료 중 회사의 물품을 지나치게 개인적으로 사용하는 게 보기가 좋지 않아요. 볼펜, 포스트잇, A4용지 등을 집으로 가져가요. 그렇다고 그걸 제재하자니 관계에 문제가 생길까 걱정되어서 무시하려고 하는데, 어떻게 해야 하나요?

CASE 13.1 회사의 물품을 개인적으로 좀 사용하면 안 되나요? 회사에 물품이 넉넉한데, 조금 가져가서 사용하는 게 문제가 될 것 같지는 않은데….

➲ 이러한 행동은 누군가 고자질을 하거나 제재를 하지 않더라도, 이미 동료들이 알고 있다면 그러한 행동을 한 사람에게 어떤 식으로든 문제가 제기될 것이다. 필요하면 구입해서 사용하면 될 일인데, 작은 물건이라도 개인적으로 회사에서 가져가기 시작하는 것은 바람직하지 못한 행동이다.

CASE 14 아침에 출근해서 신문을 보다가 야단을 맞았어요. 신문 본 게 잘못인가요?

➲ 신문을 본 타이밍이 언제였을까? 타이밍이 중요하다.

CASE 15 같은 부서 선배가 야근하면 신입사원도 꼭 야근을 같이 해야 하나요? 할 일도 없고 피곤한데…. 어떻게 하는 게 좋을까요?

______

______

______

______

➲ 본인의 선택이다. 결코 그 누구도 강요하지 않는 부분이다. 하지만 신입사원이거나 후배라면 배우고 익혀야 할 일이 있지 않을까?

CASE 16 제 담당업무가 아닌 일을 상사가 자주 시킬 때가 있어요. 제 업무도 바쁜데…. 어떻게 대처해야 하나요?

______

______

______

______

➲ 자주 시켰다는 것은 지시한 업무를 본인이 잘 해냈기 때문이기도 하다. 왜 본인에게 해당업무가 아닌 일을 자꾸 부탁하는지를 긍정적으로 생각해 볼 일이다. 하지만 자신의 업무에 방해가 된다면 어려움을 호소해 볼 필요가 있다.

CASE 17 프로젝트 제안서를 내가 다 작성하고 보고서까지 썼는데, 그 공을 상사가 다 가져가서 인정을 받은 일이 있어요. 화도 나고, 억울하고! 어떻게 이 일을 해결해야 하나요?

CASE 18 감기몸살로 몸이 아파서 근무 중에 병원을 다녀왔는데, 괜히 눈치가 보여요. 병원에 다녀오면 안 되나요?

CASE 18.1 은행 업무를 볼 일이 있어서 근무 중에 은행을 다녀왔는데, 괜히 눈치가 보여요. 은행에 다녀오면 안 되나요?

➲ 직장인은 다소 자유롭게 사용할 수 있는 반차나 휴가가 있다. 필요하다면 적극적으로 활용하자. 주변 동료들에게 피해를 주지 말고!

〈NEWS〉 함께 생각해 볼 뉴스! 당신의 생각은 어떤가요?

'왕따 당해서' 퇴사 후 직장에 불지른 40대 자수

경기 화성서부경찰서는 자신이 다니던 공장 사무실에 불을 지른 혐의(건조물 방화)로 A(44) 씨를 입건해 조사하고 있다고 12일 밝혔다. A씨는 지난 11일 오후 5시쯤 경기 화성시 마도면의 한 실리콘색소 주입공장 2층 사무실에 휘발유 20ℓ를 부은 뒤 불을 지른 혐의를 받고 있다.

이 불로 2층짜리 공장건물 내부 160㎡와 컴퓨터, 테이블 등 사무실 집기

류가 모두 타 소방서 추산 7,000만 원 상당의 재산피해가 발생했다. 불은 출동한 소방관들에 의해 20여 분만에 진화되었다. A씨는 불을 지른 뒤 경찰서를 찾아 자수했다. A씨는 범행 과정에서 얼굴과 양쪽 팔, 다리 등에 2도 화상을 입어 현재 병원에서 치료 중이다. 경찰조사에서 A씨는 "동료직원에게 따돌림을 당해 불을 질렀다."고 진술했다. A씨는 10여 년간 이 회사에서 근무해왔으며, 지난 9일 자진 퇴사했다. 경찰은 A씨가 병원치료를 마치는 대로 정확한 사건 경위를 조사한 뒤 구속영장을 신청할 예정이다.

(국민일보, 2017.06.12. 최민우 인턴기자)

▶ 기사를 읽고 느낀 점은 무엇인가요?

〈NEWS〉 함께 생각해 볼 뉴스! 당신의 생각은 어떤가요?

욕설·폭언·왕따 … '직장 내 괴롭힘' 대처법

1. 직장여성 A씨는 동료에게 성추행·폭행을 당해 회사에게 징계를 요구했지만, 오히려 집단괴롭힘 끝에 사실상 해고당했다. 회사측은 당사자간 치정관계로 치부하면서 다른 동료에게 위증할 것을 요구했다가 거절당하더니, 계약기간이 끝나자 보란 듯이 재계약 불가를 통보해왔다.
2. 건물청소 노동자 B씨는 일하는 내내 관리자로부터 고함·폭언·폭설 등 인권침해를 당했다. 한 번은 마음먹고 항의했더니 "내년 재계약을 하지 않겠다."며 사실상 해고를 통보해왔다.
3. 임산부 C씨는 연장근로가 너무 많고 통근시간이 오래 걸리는데다 툭하면 사장의 욕설·폭언에 시달렸다. 회사를 그만두고 실업급여를 받고 싶은데, 회사 쪽에서 악의적으로 관련 서류를 발급해주지 않을 것 같아 걱정이 많다.

이처럼 회사 내에서 상사· 동료 등에 의한 직장 내 괴롭힘이 종종 발생한다. 30일 서울시 노동권익센터에 따르면, 폭언은 녹취를 통해 증명이 가능하지만, 직장 내 괴롭힘은 은밀히 간접적인 방법에 의해 자행되는 경우가 대부분이어서 입증하기가 쉽지 않다. 농담·장난 등 낮은 수위에서 집단적 왕따까지 다양하다. 과도한 업무를 몰아주거나 아예 일을 시키지 않는 경우, 회의·회식 등의 일정을 알려주지 않는 경우, 직원들 앞에서 대놓고 모욕을 주는 경우 등이 일반적인 수법이다.

이 같은 직장 내 괴롭힘을 지속적으로 당하면 심리적으로 큰 상처를 받을 수밖에 없다. 우울증 등 정신적인 질병에 시달림은 물론, 심지어 극단적 선택을 하는 일도 종종 발생한다. 직장 내 괴롭힘·폭언을 당할 경우 어떻게 대처해야 할까? 우선 우울증이나 자살 등은 「산업재해보상보험법」에 따라 업무상 재해로 인정되어 피해를 보상받을 수 있다. 다만, 이는 사후 보상에 불과한데, 처벌 등 책임을 물으려면 국가인권위원회에 제소하거나 민·형사상 고소·고발을 통해 해결하는 방법 밖에 없다. 가해자가 사용자가 아닌 중간관리자 등일 경우, 자체 징계도 가능하지만 행정적 절차일 뿐 강제성을 보이진 않는다. 민사적으로는 가해자에게 불법행위·안전배려 의무 위반 등의 책임을 물어 손해배상을 위한 채무불이행 책임을 물을 수 있으며, 형사적으로는 형법상 모욕죄를 적용할 수 있다.

서울시 노동권익센터측은 장기적으로 근로자의 인권과 노동권을 보호하기 위해선 사업장 내 폭언·따돌림 등에 대해서도 노동 관련 법령에 이를 사전에 예방하거나 사후제재하는 규정을 둬야한다고 촉구했다. 센터측은 "직장 내 따돌림 등의 문제가 계속적으로 사회적 문제가 되는 상황"이라며 "폭행에 대해서는 「근로기준법」에, 성희롱·성추행 등은 남녀고용평등과 일·가정 양립 지원에 관한 법률에 특별히 규정하고 있는 것처럼 별도의 법적 규정이 필요하다."고 말했다.

(아시아경제, 2017.10.01. 김봉수 기자)

▶ 기사를 읽고 느낀 점은 무엇인가요?

명함편

1. 명함의 의미

비즈니스상 또는 다른 이유로 사람을 만나면, 인사와 소개를 하면서 각자 근무지에서 제작한(또는 개인적으로 제작한) 명함을 서로 주고받는다. 명함은 개인의 비즈니스적인 정보를 기록해 놓은 종이에 불과하지만, 명함은 '제2의 얼굴'이라고 하기도 한다. 이 의미는 아마도 만남(미팅, 회의 등)은 끝나지만, '나를 남겨놓고 가는 것'이기 때문이다.

즉 비즈니스나 업무상 또는 만남에서 목적을 달성하고 헤어지더라도 내 명함은 상대에게 남아있기 때문이고, 상대는 그 명함을 보고 당신의 이미지나 업무적인 내용을 기억할 것이다. 그러므로 명함은 비즈니스관계, 인간관계 등에서 상대에게 나를 기억하도록 하는 간단하면서도 가장 효율적이고 중요한 것이라 할 수 있다.

명함의 종류[1)]에는 업무용 명함Business Card과 사교용 명함Visiting Card

1) 업무용 명함(Business Card)은 일반적으로 비즈니스 업무로 주로 사용되므로 당신이 소속된 회사, 회사의 로고, 이름, 당신이 하는 업무를 알 수 있는 부서, 직위, 회사 & 이메일주소, 연락처, 팩스번호 등이 포함되어 있고, 사교용 명함(Visiting Card)은 업무용 명함에 비해 삽입하는 내용이나 구체적인 정보가 많지 않은데, 예를 들면 직책이나 직위는 포함되지 않고 이름, 주소나 전화번호 정도가 들어간다.

이 있고, 명함에는 많은 정보가 포함되어 있다. 예를 들면, 당신이 소속된 회사, 회사의 로고, 이름, 당신이 하는 업무를 알 수 있는 부서명, 직위, 회사 & 이메일 주소, 연락처, 팩스번호 등이 있어서 명함으로도 가벼운 스몰토크Small Talk[2])를 할 수 있는 요소들이 많다.

이러한 명함에 기재되어 있는 정보는 '나'라는 사람을 설명하는 훌륭한 도구이므로 명함의 보관이나 디자인, 재질 등에도 신경을 써야 할 뿐만 아니라 명함을 주고받을 때 지켜야 하는 예절을 숙지하여 부정적인 이미지를 주지 않도록 해야 한다.

2. 명함의 교환방법

명함은 단순히 작은 사이즈의 종이를 주고받는 것이 것이라, 특별한 매너나 규칙이 있을까 싶겠지만 그렇지가 않다. 명함을 교환하는 그 짧은 순간에도 지켜야 할 매너는 몇 가지가 있으므로, 여기서는 그 매너에 대해서 알아보자.

---

2) 스몰토크(Small Talk)는 좁은 의미로는 '잡담'이나 '수다'를 가리키지만, 넓은 의미로 생각하면 편안하고 가볍게 나누는 일상의 소소한 대화로 보면 된다. 스몰토크는 인간관계를 형성하는데 도움이 되는 커뮤니케이션 스킬 중 하나다. 하지만 때로는 돈독한 인간관계를 좌지우지하는 결정적 한방이 되기도 한다. 실제로 사회생활을 하다보면 많은 사람들을 마주하게 되고, 새로운 관계를 형성해 나가게 된다. 사람들과의 관계 속에서 어색함을 극복하고 친밀감을 쌓기 위해서는 자연스러운 대화를 나누는 것이 중요한데, 이때 유용한 게 바로 스몰토크다.(출처 : 김준환 저, 인간관계를 결정하는 스몰토크, 세계와 나, 2017)

1) 명함을 주고받을 때

(1) 명함은 먼저 전달하는 대상이 있다.

- 아랫사람(하급자 / 연소자)이 윗사람(상급자 / 연장자)에게
- 방문자가 직원에게(지위나 직급과 무관)
- 다수와 만날 경우는 한 사람 한 사람에게

(2) 명함 전달할 때의 매너

- 일어서서 전달한다.
- 명함지갑에서 꺼내어 전달하고, 인사나 간단한 자기소개를 한다.
- 오른손으로 명함을 잡고, 왼손은 오른손을 살짝 받친다(서로 동시에 주고받을 경우는 오른손으로 주고, 왼손으로 받으면 된다).
- 상대가 받아서 바로 보기 쉽도록 방향을 조절하여 전달한다.

(3) 명함 받을 때의 매너

- 일어서서 감사인사를 하고 정중히 받는다.
- 자신의 명함도 즉각적으로 전달한다.
- 받은 명함은 받은 즉시 읽어보거나, 상대방의 이름과 직위(직급)를 외운다.
- 받은 명함을 명함집에 바로 집어넣지 않는다.

TIP **다음의 명함을 보고 스몰토크(Small Talk)를 연습해 봅시다. 당신이 아래 명함을 받았다고 생각하고 간단한 질문을 해보세요.**

아트캘러리 **별**

관장
김 행복(미술학 박사)

한국시 남구 행복길 10
T 012-234-5678 H 010-1234-5656
F 012-234-7878 E khb@aaa.net

2) 명함교환 시 주의사항들

① 한 사람이 다수와 만나서 명함을 주고받을 때 주의할 점이 있다. 왜냐하면, 여러 장의 명함을 주고받다보면 누가 누구인지, 그리고 어느 명함이 그 사람의 것인지 알 수가 없으며 엉뚱한 이름이나 직위를 엉뚱한 사람에게 호칭하는 실수를 범할 수 있다. 그러므로 여러 명과 명함을 주고받을 경우는 준 사람의 순서대로 명함을 가로나 세로 방향을 나열하여 명함과 사람을 연결시키는데 헛갈리지 않도록 한다. 주의할 점은 명함을 탑처럼 쌓아두지 않도록 한다.

② 미팅(회의나 면담 등) 동안은 명함을 준 사람의 이름이나 직함을 정확히 호칭하며 대화를 이어나간다. 그런데 충분히 기억을 하지 않은 상태에서 명함집에 넣었다가 "성함이 어떻게 되시더라?" 또는 "직함이 / 부서가 어떻게 되시죠?"라고 묻는다든지, 명함집에서 명함을 다시 꺼내서 확인하는 것은 상당한 결례이다.

③ 명함을 찾느라 상대 앞에서 이리저리 주머니를 뒤지는 모습을

보이는 것은 좋은 매너가 아니다. 명함은 반드시 명함집에 보관하여 상대 앞에서 꺼내어 전달해야 한다. 그리고 절대로 바지 뒷주머니나 현금지갑 안에서 꺼내지 않도록 한다.

④ 명함의 내용 중에 자신이 모르는 내용이 있다면, 정중히 묻는 것이 오히려 좋은 매너이다(특이한 부서명, 한자 등).

⑤ 명함에 낙서를 하는 것은 좋은 매너가 아니지만, 상대를 기억하기 위한 몇 가지 정보를 깨끗하게 메모하는 것은 무관하다.
(예 :)

⑥ 명함을 건네다가 바닥에 떨어뜨린다면, 그 명함을 다시 주워 전달하지 않는다. 반드시 새로운 명함을 다시 꺼내어 전달하는 것이 바람직하다.

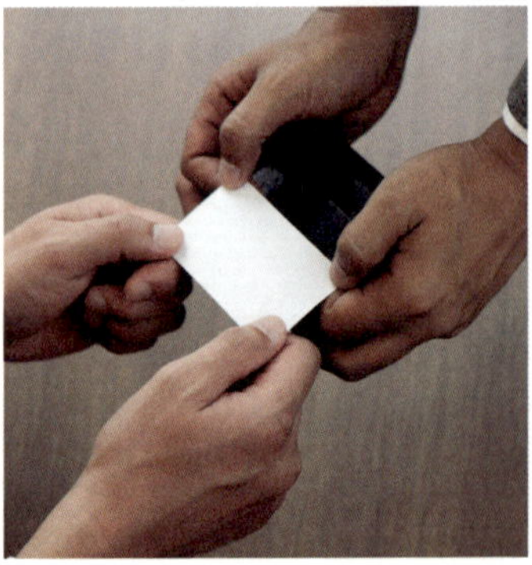

⑦ 명함을 찾느라 시간이 걸려 상대를 기다리게 했다면, 정중히 양해를 구하고 전달한다.

⑧ 여러 사람과 만나게 될 경우에는 명함이 부족하여 전달하지 못하는 경우가 없도록 사전에 명함집을 확인하고, 늘 넉넉히 준비하도록 해야 한다.

⑨ 명함은 오른손으로 전달하고, 왼손은 오른손을 살짝 받치는 자세로 전달하는 것이 원칙이나, 서로 주고받을 때는 서로 오른손으로 전달하고 왼손으로 받도록 한다.

⑩ 명함 전달시 떠받들 듯 두 손으로 잡지 않는다. 오른손으로 명함을 잡고, 왼손은 손목~팔꿈치 사이를 받치는 모양새를 취한다.

〈NEWS〉 함께 생각해 볼 뉴스! 당신의 생각은 어떤가요?

사무실 꼴불견 1위, 직장인 과반 '노출 좀…'

사무실 내 가장 꼴불견인 옷차림으로 '과도한 노출'이 꼽혔다. SPA 브랜드 〈유니클로(Uniqlo)〉가 7일 발표한 조사에 따르면, 직장인 10명 중 5명 이상이 직장 내 옷차림 가운데 가장 거슬리는 모습으로 노출과다를 꼽았다. 유니클로가 모바일 애플리케이션 설문조사 회사인 '오픈서베이'를 통해 전국 25~50세 직장인 1,000명을 대상으로 조사한 결과, 응답자의 55.9%가 사무실 내 과한 노출은 불쾌감을 준다고 응답했다. '겨드랑이·목 등에 땀이 찬 모습은' 35.1%로 그 뒤를 이었다. 비슷한 수의 직장인은 또한 패션도 업무의 능력이라고 생각했다. 응답자 58.5%는 깔끔한 복장이 업무능력 평가에 좋은 영향을 준다고 답했다. 한편, 여름철 업무효율을 높이고 에너지를 아끼기 위해 최근 기업들에서 도입하고 있는 쿨비즈룩에 대해서는 상당히 개방적인 것으로 드러났다. 응답자 39.6%는 쿨비즈룩 범위에 대해 '리넨 셔츠나 면바지 등 시원한 소재 의류'라고 응답했고, '반팔 와이셔츠나 노 재킷'이라 답한 직장인도 25.8%에 이르렀다. 유니클로 관계자는 "최근 창의적인 근무환경을 만들고 에너지를 절약하기 위해 기업의 복장문화도 달라지고 있다."며 "점점 더 많은 사람들이 다양한 쿨비즈룩에 도전할 것"이라고 전망했다.

(헤럴드경제, 2015.07.07.)

▶ 기사를 읽고 느낀 점은 무엇인가요?

<NEWS> 함께 생각해 볼 뉴스! 당신의 생각은 어떤가요?

직장인 4명 중 1명 '술 취해 인사불성 … 가장 꼴불견'

직장인이 회식자리에서 했던 가장 후회되는 행동은 무엇일까?

취업포털 〈커리어〉가 직장인 551명을 대상으로 '회식자리'에 대해 설문조사한 결과, 응답자의 43.7%가 '스스로 폭로한 사생활'이라고 답했다. '실수한 적이 없다.'는 답변이 31.4%로 뒤를 이었고, '과음 또는 주사(16.3%)', '상사에게 반말 또는 버릇없이 행동(4.9%)', '동료와의 다툼(3.1%)', '이성 직장동료와의 스킨십(0.5%)' 순이었다.

이러한 실수에 대처하는 가장 좋은 방법은 '그냥 잊어버린다.(38.5%)'는 의견이 가장 많았고, '실수에 대해 직접 사과한다.(33.4%)', '점심이나 커피를 사준다.(16.7%)', '기억나지 않는 척한다.(11.4%)' 순으로 나타났다.

이어 회식자리에서 가장 꼴불견인 사람을 묻자, '술에 취해서 인사불성인 사람(25.9%, 복수응답 가능)'이 1위를 차지했다. '술을 강요하는 사람(17.7%)', '늦게까지 집에 안 보내는 사람(16.1%)', '업무·정치·종교 등의 진지한 얘기로 분위기 다운시키는 사람(12.8%)', '핸드폰만 만지작거리는 사람(10.7%)' 등의 의견이 있었다.

회식자리 꼴불견 대처법에는 무엇이 있을까? 응답자의 38.5%는 '최대한 먼 자리에 앉는다.'고 답했다. 이어 '꼴불견의 이야기는 무시한다.(21.1%)', '회식이 빨리 끝날 수 있도록 노력한다.(14.7%)', '어수선해지는 틈을 타 먼저 회식자리를 빠져나간다.(10.7%)', '취하지 않게 술을 조절한다.(8.5%)', '회식자리에 참여하지 않는다.(5.1%)' 순이었다. '술 강요를 피하기 위해 일부러 차를 끌고 온다.', '직접 충고한다.'는 의견도 각각 1.1%, 0.4%였다.

한편, 직장인의 회식은 '한 달에 한 번(35.8%)' 하는 것으로 드러났고, 회식 지출비용은 '법인카드(87.8%)'로 정산한다고 답했다. '상사 / 선배 부담'이라는 의견은 11.6%였고, '더치페이'도 0.5%나 되었다.

(대전투데이 2017.11.02.)

▶ 기사를 읽고 느낀 점은 무엇인가요?

3. 직장 내 곤란한 상황을 Role Play로 준비해볼까요?

CASE 19 영업을 하는 일을 하고 있어서(또는 외부출장이 많은데) 자주 상사와 동행을 합니다. 운전면허증이 없어서 상사가 운전하는 차를 타고 가는데, 졸릴 때가 많아요. 참는 것도 힘들고, 그렇다고 졸 수도 없고…. 이럴 때 어떻게 해야 하나요?

➲ 역지사지의 마음을 가져보고, 필요하다면 잠을 깰 수 있는 방법을 찾아보도록 해야 한다. 그리고 운전면허를 최대한 빨리 취득하는 것은 어떨까?

CASE 20 저는 운전하는 걸 좋아하고 회식 후나 출장 갈 때 동료들을 자주 태우고 다니는데, 어느 순간부터 제 차를 타려고 하질 않아요(또는 피하는 것 같아요). 왜 그렇죠? 뭐가 문제인지 모르겠어요.

CASE 21 저는 대학시절부터 차를 운전하고 다녔어요. 신입사원인 지금도 차를 가지고 다니는데, 괜히 눈치가 보여요. 신입사원은 차를 가지고 다니면 안 되나요?

CASE 22 동료 중에 카풀을 하는 동료가 있는데, 그 동료가 약속시간이 일정하지 않아서 저까지 직장에 지각할 뻔한 일이 자주 있었어요. 몇 번 약속시간을 지켜달라고 말을 했는데도 불구하고 바뀌지 않고 그때 뿐이더라구요. 앞으로 카풀을 하고 싶지 않은 마음인데, 솔직히 말하는 게 쉽지도 않고! 제가 어떻게 해야 하나요?

➲ 아침마다 약속을 지키지 않는 동료 때문에 스트레스 받을 필요는 없다. 끝까지 좋은 사람으로 남길 원한다면 불평 없이 기다리면 되지만, 상대는 고마운 줄 모르고 있을 가능성이 높다. "어차피 같은 회사 가는 출근길에 태워주는 건데~~" 라고 생각할 수 있다. 약속은 서로간에 신뢰이므로, 지키지 못할 때는 미리 양해를 구하고 약속을 파기하는 것이 바람직하다. 가끔 만나자고 약속해 놓고, 또는 업무마감을 약속해 놓고는 당일에 어기거나 취소 또는 마감일을 지키지 못하겠다고 통보하는 경우가 있는데, 이는 인간관계에서나 비즈니스 관계에서 상당히 몰상식하고 예의에 어긋나는 행동이고 개인의 이미지에도 불이익을 초래할 수 있다. 그러므로 어떤 약속이든 신중하게 하는 것이 바람직하다.

CASE 23 제가 대리님께 보고서를 잘못 작성해서 드렸는데, 과장님이 대리님을 야단치는 일이 생겼습니다. 어떻게 해야 하나요?

➲ 심각한 일이고 본인에게 상당히 부담스러운 상황이다. 어떻게 대처해야 할지는 인간적 도리를 생각한다면 어렵지 않을 것 같다.

CASE 24 집이 너무 멀어서 또는 컨디션이 좋지 않아서 회식에 빠지고 싶은데, 어떻게 해야 하나요?

CASE 24.1 회식 중간에 빠져야 할 일이 있는데 눈치가 보여요. 어떻게 해야 할까요?

➲ 있을 수 있는 일이다. 집에 일이 있든 개인적인 일이 있든 빠질 수 있고 중간에 나갈 수도 있다. 그러나 빠질 때 슬그머니 빠지게 되었을 때 뒷감당을 어떻게 할 건지? 그렇다면 어떻게 빠져나가야 할지 그 방법을 알 수 있다.

CASE 25 저는 술도 잘 못하고, 직장과 집 사이의 거리도 멀어요. 회식에 빠지자니 눈치가 보이고, 회식을 몇 차까지 함께 해야 하나요?

➲ 요즘은 여러 차례 회식을 하는 조직문화가 사라지고 있는 분위기다. 하지만 무난한 방법은 여럿이 빠질 때 같이 묻어서 함께 빠지면 이상적이고, 그렇지 못할 경우 중요한건 몇 차까지 함께 하는 것보다는 다른 것이 중요한데, 무엇일까?

〈NEWS〉 함께 생각해 볼 뉴스! 당신의 생각은 어떤가요?

직장여성 대다수가 性피해 … 가해자 절반이 상사

"직장 내 성폭력 가해자 중 55%가 상사"
"성폭력 피해자 68%, 직장 다니기 싫다!"
"상사가 허리·엉덩이 만지며 추행"

여성단체 불꽃페미액션은 12일 "고용노동부는 직장 내 성폭력 피해자들의 목소리를 듣고 성희롱 피해자를 구제할 수 있도록 시스템을 전면 수정하라."고 촉구했다.
불꽃페미액션은 이날 서울 중구 서울지방고용노동청 앞에서 기자회견을 열고 "정부는 직장 내 성희롱 예방교육 강화, 성폭력 발생 시 처벌을 강화하겠다고 했지만, 달라진 게 없다."고 비판했다
불꽃페미액션이 지난달 23일부터 이달 10일까지 온라인매체를 통해 설문조사를 진행한 결과, 직장인 여성 43명의 응답자 중 93%(40명)가 최근 2년 동안 상사·동료·거래처 등 업무와 관련된 사람들로부터 성적 피해를 본 경험이 있다고 답했다.

직장 내 성폭력 피해의 유형으로는 ▲여성을 비하하는 말이나 욕설(88%)을 경험한 사람들이 가장 많다, ▲외모·옷차림·몸매의 평가(81%), ▲위아래로 훑어보거나 가슴·엉덩이·다리 등 신체부위를 쳐다보는 것(53%), ▲커피 심부름(51%), ▲신체적 접촉(27%), ▲신체촬영을 당한 경험(9%) 등으로 나타났다.

직장 내 성폭력 가해자는 상사가 55%(24명)로 가장 많았다. 가해자의 성별로는 79%가 남성이라고 응답했다. 여성과 남성 모두라고 답한 응답자도 11%로 집계되었다. 이는 남성뿐 아니라 여성으로부터 성적 언어폭력을 경험했다는 응답자도 있었기 때문이다.
직장 내 성폭력 시간은 주로 근무시간(85%)이었다. 이런 피해로 직장에 다니기 싫다고 응답한 사람은 68%, 상대와 관계가 불편해졌다는 응답은 61%를 보였다.
직장 내 성희롱으로 퇴사했다는 서김수정(24) 씨는 기자회견에서 "지난해 11월 장애인 인권단체에 입사했다가, 회장으로부터 세 차례 성희롱을 당한 후 한 달 만에 퇴사했다."며 "회장은 내 뒤쪽으로 접근하여 왼쪽 허리를 감싸 안듯이 만졌다. 또 엉덩이를 만지며 성추행한 날도

있었다."고 전했다. 이어 "회사측에 당시 상황을 말했지만, '네가 예뻐서 그랬을 것'이라는 말만 돌아왔다."고 토로했다.
불꽃페미액션은 "고용노동부는 직장 내 성희롱 문제와 관련하여 관리·감독 의무를 제대로 하지 않고 있다."며 "직장 내 성희롱이 발생했을 때 회사가 성폭력사건을 책임지고 처리할 수 있도록 고용노동부는 법 개정 추진을 위한 대책을 발표하라." 고 주장했다. 또 "회사측이 성폭력 피해자와 피해 조력자에 대해 인사고과를 낮게 부여하고 업무전환, 직무정지, 대기발령 등 불이익 조치를 하지 않는지 철저하게 감시하기 바란다."고 요구했다.

(뉴시스, 2017.12.12. 박영주 기자)

▶ 기사를 읽고 느낀 점은 무엇인가요?

전화응대

1. 전화의 특성 및 전화응대 매너

1) 전화의 특성

우리가 얼굴을 직접 보며 대화를 할 경우는, 표정이나 제스처로 대화의 내용을 더욱 명확히 표현할 수 있다.

미국 캘리포니아대학 심리학과 명예교수이자 심리학자인 알베르트 메라비안Albert Mehrabian이 발표한 이론으로 '메라비안의 법칙'이라는 것이 있다. 효과적인 커뮤니케이션에 영향을 주는 요소들로 시각적 요소(표정, 복장, 제스처, 즉 시각적 정보를 주는 요소들)가 55%, 청각적 요소(목소리, 속도, 억양, 톤 등)가 38%, 그리고 언어적 요소(말의 내용)가 7%라고 했다. 즉 인간관계에서 효과적인 커뮤니케이션을 위해서는 말의 내용이 차지하는 비중보다는 표정, 복장, 제스처, 목소리, 억양, 톤 등이 더 많은 비중으로 차지한다는 것이다.

그러나 전화는 청각적 요소(목소리, 속도, 억양, 톤 등)만이 작용되는 특징이 있으므로 전화를 받는 쪽과 전화를 거는 쪽 모두가 목소리, 속도, 억양, 톤 등에 상당히 주의를 기울여야 한다.

2) 전화응대 매너

전화의 특성에서 언급한 바와 같이 전화의 가장 중요한 특성이 청각적 요소(목소리, 속도, 억양, 톤 등)가 중요하게 작용한다는 것이다. 그러므로 이를 기초로 전화할 때 매너, 받을 때 매너 그리고 기본적인 전화응대 매너 및 주의사항에 대해 자세히 알아보고자 한다.

(1) 전화할 때의 매너

여기서는 비즈니스적인 관계(고객과 서비스직원, 업무적 관계)에서의 전화 거는 사람이 지켜야 하는 매너에 대해서 알아보고자 한다.(사적인 친분관계에서의 전화 매너는 각자 지키는 걸로!)

① 전화를 거는 사람은 자신의 용건을 어느 정도 정리한 다음 전화를 걸도록 한다. 횡설수설해서 전화를 받는 사람이 불편하지 않도록 배려한다.

② 업무적 관계일 경우는 전화를 받는 사람이 편히 전화를 받을 수 있는 상황인지를 확인한다. 예를 들면 "통화 괜찮으세요?" 또는 "시간 되세요?" 정도면 된다.

③ 상황에 맞는 적절한 마무리인사를 하는 것이 좋은 매너이다. 예를 들면, "감사합니다, 수고하세요, 점심 맛있게 드세요, 감기 조심하세요, 다음에 또 뵙겠습니다." 등이 있다.

(2) 전화 받는 매너

① 업체명, 부서, 받는 담당자 등을 상대방이 알아들을 수 있게 정

확히 또박또박 밝힌다.

② 전화를 받는 동안 통화에 집중하고 경청해야 하며, 끊기 전에 상대방의 요구사항을 다시 한 번 더 정리하는 것이 바람직하다. 그리고 전화를 건 사람이 끊은 다음 끊도록 한다.

③ 상황에 맞는 적절한 마무리 인사를 하는 것이 좋은 매너이다. (예를 들면, "감사합니다, 수고하세요, 점심 맛있게 드세요, 감기 조심하세요, 다음에 또 뵙겠습니다." 등)

(3) 기본적인 전화응대 매너 및 주의사항

① 전화는 목소리에 의존하므로 밝은 톤으로 친근하게 받는다.

② 늦게 받은 경우 "늦게 받아 죄송합니다."라고 응대한다. 예전에는 벨이 3번을 넘지 말라고 했으나, 요즘은 대부분 서로가 스마트폰으로 통화하거나 한쪽이 스마트폰이고 한쪽이 유선전화일 경우 벨소리 횟수를 정확히 알 수가 없다. 그렇다하더라고 늦게 받았을 경우는 양해를 구하는 응대를 한다.

③ 상대가 궁금해 할 내용을 미리 알려준다.(점심시간, 마감시간, 교통편, 하차할 지하철역과 출구번호, 근처 큰 건물이나 회사명, 위치 등)

④ 찾는 사람이 부재 시나 회의 중이라 자리를 비운 경우, 전화의 내용을 정확히 메모하여 전달하도록 한다.

OOO님!

2018년 O월 O일 OO시경 ________님으로부터 전화가 왔었습니다.

(해당 내용에 V해주세요)

- ❑ 전화 회신 요청하셨습니다.
- ❑ 다시 전화주신다고 하셨습니다.
- ❑ 메일 확인 부탁하셨습니다.
- ❑ FAX 확인 부탁하셨습니다.
- ❑ 기타(내용 :)

⑤ 담당부서나 담당자에게 전화를 연결시켜야 할 경우 "담당자에게 전화 돌려드리겠습니다."(×)보다는 "담당자에게 연결해 드리겠습니다."(O)로 응대한다.

⑥ 요즘은 전화 성능이 좋으므로 소음을 만들지 않는다(기침소리, 코훌쩍이는 소리, 음료마시기, 볼펜장난, 서류정리, 주변소리 등). 또한 담당자에게 전화를 연결하는 동안 먼저 전화를 받은 사람은 전화 건 사람의 용건을 간단히 설명해야 한다. 왜냐하면, 전화를 건 사람이 연결된 담당자에게 다시 설명하는 불편을 겪기 때문이다.

⑦ 고객과 서비스직원 간의 통화일 경우, 직원은 고객의 요구사항을 메모하여 빠트리지 않도록 하며, 전화종료 전 마지막으로 요구사항을 다시 한 번 더 정리하여 확인하도록 한다.

⑧ 전화가 한쪽에서 들리지 않을 경우, "여보세요? 안 들려요~~", "뭐라구요?", "크게 말씀해주세요." 하면서 음성을 높이지 말고, "목소리가 안 들리니, 제가 전화를 끊고 기다리겠습니다. 다시

전화 주시겠습니까?" 또는 "목소리가 안 들리니, 제가 전화를 다시 하겠습니다(드리겠습니다)."로 응대하고 다시 통화를 시도한다.

⑨ 다른 전화나 고객을 응대 중일 때 전화가 온 경우, 양해를 구하고 전화번호를 받아둔 후 응대가 끝나고 바로 전화를 하도록 한다. "죄송합니다만[3], 제가 다른 전화를 받고 있습니다. / 죄송합니다만, 제가 다른 고객님을 응대하고 있습니다. 전화번호를 남겨주시면 바로 연락드리겠습니다."라고 하면 무난하다.

⑩ 상대방이 전화를 잘못한 경우 "아닙니다.", "그런 사람 없어요."라고 불친절하게 응대하기보다는 "여기는 OO은행입니다. 번호를 다시 한 번 더 확인해 보시겠어요?", "찾으시는 분은 여기에 근무하지 않으십니다." 등으로 친절하게 응대하도록 한다.
그리고 개인적인 언어적 습관으로 "~든요.(그런 사람 없거든요)", "~거든요.(그런 물건 없거든요 / 그거 아니거든요)"하는 사람들이 있는데, 이는 상대가 듣기에 예의 없이 보이거나 무례해 보이고 더 나아가 무시당하는 느낌까지 받는다. 이런 언어습관은 스스로 반드시 고치도록 노력해야 한다.

---

3) '쿠션언어' 또는 '배려언어', '완충언어'라고 하는데, 상대방에게 양해를 구하거나 부탁을 해야 할 일이 있을 때 상대가 불쾌감이나 불편함을 덜 느끼게 하도록 본격적인 내용을 전달하기 전에 덧붙이는 언어이다. "번거로우시겠지만, 실례합니다만, 미안합니다만" 등이 여기에 해당된다.
예를 들면 "손님! 죄송합니다만, 등받이를 올려주시겠습니까?", "번거로우시겠지만, 한 번 더 사인을 부탁드립니다..", "미안합니다만, 이거 한 개 먼저 계산할 수 있을까요?", "실례합니다만, 먼저 지나가겠습니다." 등이다.

〈NEWS〉 함께 생각해 볼 뉴스! 당신의 생각은 어떤가요?

Special Knowledge〈564〉 비즈니스 에티켓

1922년 미국에서 발간된 『에밀리 포스트의 에티켓』은 에티켓의 경전으로 평가받다. 에밀리 포스트 이후 포스트 일가는 4대에 걸쳐 미국 버몬트주에서 '에밀리포스트연구소'를 운영하고 있다. 최근 에밀리 포스트의 증손자이자 '비즈니스 에티켓' 분야를 개척해 온 피터 포스트가 방한했다. 그에게 비즈니스 에티켓에 대해 물었다. 그의 공저 『성공하는 사람의 비즈니스 에티켓』(민음인)도 참고했다. 피터 포스트는 자신의 임무를 '사람들이 성공할 수 있도록 돕는 것'이라고 말한다. 이 경우 에티켓은 '관계'에 관한 것이다. 정돈된 에티켓일수록 그 관계의 성공 가능성이 커진다. 포스트에 따르면, 바람직한 에티켓은 다음과 같은 태도를 필요로 한다. ▶타인을 배려하고(Considerate), ▶존중하며(Respectful), ▶이해하는 (Understandable) 것이다. 한국의 기업문화를 고려하여 상황별로 적용 가능한 에티켓을 소개한다.

피터 포스트가 말하는 '직장에서 호감을 주는 동료'

자상한 동료

새로운 직원을 사무실의 베테랑들에게 열심히 소개한다.

연민과 바른 예절을 지닌 사람으로 누구에게나 자상한 관심을 보인다.

사람들 이름을 빨리 익히고 동료들에게 한 번 이상 설명하는 일을 절대로 싫어하지 않는다.

중재자

동료들이 충돌할 때 협상을 중재한다. 문제의 핵심을 찾아내는 재능이 있다.

자기가 맡은 일을 좋아하고 함께 일하는 사람들을 좋아한다.

화목한 분위기가 서로를 위한 최선의 환경을 만들어 낸다고 믿는다.

정의파

관찰자 타입으로 누가 무엇을 얼마나 잘하는지에 관심을 집중한다.

정의감이 강해서 명예가 주어져야 할 곳에 부여되는 것을 보고 싶어 한다.

동료가 자신이 유발하지 않은 문제 때문에 불공정한 비난을 받을 때 재빨리 수습에 나선다.

◆사내 업무 = 출근을 하면서 가장 먼저 맞닥뜨리는 에티켓이 바로 엘리베이터를 타고 내리는 것이다. 자신이 가야 하는 층의 단추를 누른 뒤, 가능하면 안쪽으로 들어가 다른 사람들을 위한 공간을 남겨둔다. 단추를 누를 수 없으면 당황하지 말고 다른 사람에게 부탁한다.

엘리베이터에서 내릴 때에는 문에서 가장 가까운 사람이 먼저 내린다. 한 가지 예외는 회사의 최고경영자나 임원이 먼저 내리도록 뒤로 한걸음 물러서는 경우이다. 엘리베이터 안에서는 고객의 비즈니스나 그 밖의 기밀사항을 말하지 않도록 한다.

다음은 회사 내부에서 일반적인 사무 업무를 볼 때 지켜야 하는 에티켓이다. 포스트는 "전화를 받는 방식의 중요성을 과소평가하지 말라."고 강조한다. 가능한 한 전화벨이 세 번 울리기 전에 받는 것이 좋고, 전화 메시지를 받아적을 때에는 이름과 전화번호를 정확하게 받아적어야 한다. 메시지 끝에 자신의 이름을 남겨두면 메시지를 전해 받은 사람이 이 통화에 대해 더 자세히 물어볼 수 있다. 전화를 받을 땐 다른 일을 하지 않도록 해야 한다. 전화를 받는 사람의 관심이 다른 곳에 있다는 것을 상대방이 알아채기 때문이다.

복사 등 기본적인 사무업무에도 지켜야 할 에티켓이 있다. 복사의 경우, 분량이 아주 많은 중요한 일이라면 아침 일찍 혹은 퇴근시간 직후 기계를 덜 사용할 때 하는 것이 최선책이다. 많은 양을 복사할 계획이라면, 두세 장 복사를 하러 온 사람을 위해서 잠깐씩 양보하는 것이 좋다. 많은 양을 복사한 뒤라면 종이가 얼마나 남았는지 확인해서 채워두도록 한다.

업무상 e메일을 주고받을 경우에는 항상 답신을 보내도록 한다. 사적인 용도로 회사의 e메일을 주고받는 것은 문제가 될 소지가 있다. 고용주들은 인터넷 사용에 대해 직원들의 컴퓨터를 감시할 수 있다는 점을 명심해야 한다.

◆모바일 매너 = '에밀리포스트연구소'는 인터넷·SNS 등 디지털 매너부터 모바일 매너까지 연구하고 있다. 다음은 휴대전화와 관련하여 비즈니스 자리에서 참고할 만한 모바일 매너다. ▶휴대전화를 소지해야 할 경우, 테이블 위에 놓지 않는다. ▶주머니 또는 가방에 넣어 보이지 않도록 한다. ▶휴대전화 벨소리는 무음 또는 진동으로 해두고, 진동 강도를 낮은 단계로 조절한다. ▶전화를 꼭 받아야 할 경우, 사전양해를 구하고 외부로 이동하여 통화하도록 한다.

지난해 삼성그룹이 사내에서 모바일 매너 캠페인을 시작했다. 사옥 엘리베이터에 설치된 화면을 통해서도 영상을 내보낸다고 한다. 예를 들면, "중요한 미팅 때 습관처럼 휴대폰을 확인하는 건 무례한 행위가 될 수 있다." 등이다.

◆사내 인간관계 = 다음은 하급자로서 윗사람과의 관계에 관한 것이다. 포스트는 "윗사람과 잘 지내고 못 지내는 것은 윗사람의 책임이 아니라 당신에게 달렸다."고 말한다. 이를 위해서 하급자에게 다음과 같은 태도를 주문한다. ▶자신의 의사를 충분히 표현하되 아이디어를 제공한다. ▶윗사람의 시간을 낭비하지 않도록 항상 준비한다. ▶윗사람의 도움이 필요할 때는 솔직하게 도움을 청한다. ▶윗사람의 결정을 공개적인 자리에서 지지한다. 포스트는 "윗사람도 인간이기 때문에 실수를 할 것이다. 그러나 윗사람은 책임을 지는 자리에 있다는 사실을 인식하라."고 조언했다.

이번엔 관리자 편이다. 유능한 관리자는 자기 아랫사람들을 인간으로서 존중할 줄 안다. 필요에 따라서는 밀어붙이는 역할도 할 수 있지만, 위협이나 강요가 더 이상 통하지 않는다는 사실도 알고 있다. 포스트는 직원들의 사기를 북돋는 방법으로 '격려'를 제안한다. 칭찬을 하는 방법은 다양하다. 가장 손쉽게는 "잘했어!" 혹은 "훌륭해!"라는 말 한마디로 직원들의 사기를 높일 수 있다. 어떤 관리자는 손으로 직접 메시지를 써서 당사자에게 전하기도 한다. 그런 편지를 받으면 직원들은 상을 받은 것처럼 오래 간직할 것이다. 아무 때나 마구 칭찬을 늘어놓는 행위는 자신이 하는 말의 가치와 진실성을 떨어뜨린다는 사실도 염두에 두어야 한다. 회사 내 직위에 상관없이 직장인이라면 '뒷공론'을 하게 마련이다. 이런 뒷공론의 희생물이 되는 일을 피하려면, 평소에 사적인 정보를 흘리고 다니지는 않는지 생각해보자. 만약 자신이 뒷공론의 대상이 되었다면 근원지를 추적하고 싶을 것이다. 이 경우, 그 이야기를 귀띔한 사람에게 그 이야기는 사실이 아니며 더 이상 그런 이야기가 돌지 않기를 원한다고 밝힌다. 분노보다는 우려하는 자세를 취하자. 소문을 퍼트린 사람은 일단 부인하겠지만, 들켰다는 이유만으로도 찔끔해서 앞으로는 소문을 퍼트리기 전에 다시 한 번 생각할 것이다.

◆바람직한 의사표현 방법 = 먼저 슬기롭게 의사를 표현하려면 '나'라는 말을 남용하지 않도록 한다. 대화를 잘하는 사람은 자기가 했던 말을 잘 기억하며 반복을 피하기 위해 주의한다. 자기 자신에 대한 이야기를 한 번 했으면 상대방 또는 제3자가 화자가 될 수 있도록 유도한다. 누군가의 의견에 반대를 표하는 것은 괜찮지만 표현을 정중하게 해야 한다. "틀렸어!"는 적대적이고 호전적이지만 "사실 그 문제에 대한 내 생각은 좀 달라. 당신의 견해를 더 듣고 싶네." 하는 식의 말은 적절하

다. 불만사항을 전달해야 할 경우도 종종 생긴다. 포스트는 다음과 같은 요건을 고려해야 한다고 말한다. ▶말할 가치가 있는 불만사항인가, ▶문제의 증거서류를 만들어 두었는가, ▶당신은 과연 불만사항을 제기할 자격이 있는가, ▶당신은 어떤 결과를 원하는가, ▶최선의 접근방식은 무엇인가, ▶불만을 제기하기에 알맞은 시기는 언제인가 등이다.

◆대외 업무 = 외부에서 업무를 볼 때, 상대방과 제일 먼저 명함을 교환하기 마련이다. 명함을 건네받으면 읽어보고, 경우에 따라서는 디자인에 대한 칭찬을 한 다음 지갑이나 다이어리에 넣도록 한다.

업무 얘기로 바로 들어가는 대신 사소한 이야기부터 시작해 보자. 취미생활이나 날씨이야기도 좋다. 적어도 10~15분을 할애한다. 업무 이야기는 자세를 바르게 하고 앉아서 상대방의 눈을 바라보며 진행한다. 진지한 자세를 통해 확실하게 이 대화에 개인적인 투자를 한다는 인상을 심어줄 수 있어야 한다. 상대가 제대로 이해하고 있는지를 알아보기 위해 종종 질문을 던진다. 대화가 막바지에 이르면 대화 중에 내려진 결정에 대해 짧게 반복해서 확인하면서 오해가 없도록 한다. 팔짱을 끼고 있는 자세는 방어적인 태도나 의견 차이가 있음을 상징하므로 주의해야 한다. 비즈니스 오찬의 경우, 상대방의 취향을 고려해야 한다. 초청을 할 때는 두세 곳의 식당 중에서 선택할 수 있도록 상대방의 의사를 물어보는 게 좋다. 상대방에게 최소한 1주일 전에 알려서 자신의 스케줄을 조정할 수 있도록 한다.

◆해외 출장 = 해외 출장에서도 명함이 가장 중요하다. 출장지에서 영어가 통용되지 않을 때는 명함의 한쪽은 영어로 적고, 뒷면에는 그 나라의 말로 표기하도록 한다. 역시 명함을 받으면 무턱대고 주머니에 넣지 않는다. 그 자리에서 읽어보고 자신의 명함지갑이나 서류가방에 넣는다. 통역을 이용하는 경우, 사전에 통역사와 시간을 보내는 것이 좋다. 통역사는 보통 통역을 필요로 하는 주요인물 사이에 자리를 잡는다. 만찬처럼 격식을 갖추어야 하는 경우에는 주요인물의 뒤쪽 자리에 앉을 것이다. 발언을 할 때는 통역사가 아니라 상대방을 향해 말하도록 한다. 회의가 막바지에 이르면 통역사에게 상대가 한 말을 되풀이하도록 하고 상대방의 반응을 확인하도록 한다. 윗사람을 모시고 해외 출장을 가야 하는 경우에는 두 가지 단어를 마음에 새겨야 한다고 포스트는 조언한다. 존중과 존경이다. 예를 들어, 문을 잡아주고 더 편안한 자리를 잡도록 살피는 것은 서로 각자의 지위에 대해 충분히 이해하고 있음을 보여준다. 상사가 직접 하겠다고 고집하지 않으면 아랫사람이 다양한 일을 맡는 게 좋다. 윗

사람과 출장을 가는 것은 자신을 더 잘 알릴 수 있는 기회일 뿐 아니라 재능을 발휘할 기회이기도 하다는 점을 명심해야 한다.

◆**성희롱** = 직장 내 성희롱은 다음과 같은 상황에서 발생한다. ▶성이나 섹슈얼리티에 대한 언급을 한다. ▶거슬리는 행동이 의도적이고 반복된다. ▶그러한 행동은 당신이 원하는 것이 아니다. ▶일에 방해받거나 근무환경이 불편해진다.

만약 이 요건을 다 충족한다면 먼저 성희롱 가해자 쪽에 자신의 행동을 돌아보고 바꿀 기회를 주도록 한다. 상황이 개선되지 않으면 상대를 고발할 수 있다는 점을 명확히 전달한다. 만약에 대비하여 상대와 있었던 일들을 기록해두도록 한다. 만약 이 사건이 법정까지 갈 경우 증거를 제시할 책임은 당신한테 있다는 점을 이해하는 게 중요하다.

(jj Life 지식클럽(뉴스클럽), 위문희 기자)

▶ 기사를 읽고 느낀 점은 무엇인가요?

2. 직장 내 곤란한 상황을 Role Play로 준비해볼까요?

CASE 26 같이 먹을 찌개에 자기 숟가락을 넣고 젓는 사람 때문에 그건 먹고 싶지 않더라고요. 같이 먹을 찌개에 왜 개인 숟가락을 넣나요? 정말 싫어요. 이걸 어떻게 막죠?

➲ 함께 먹을 찌개에 숟가락을 넣어 휘젓기 전에 막아야 한다. 그렇다면 주문할 때 방법을 찾을 수 있다.

CASE 27 다이어트 중이라고 말을 해도 아무도 믿질 않아요. 왜 그렇죠?

➲ 다이어트를 한다는 본인의 상황이나 처지를 안 믿는다는 건 뭔가 이유가 있지 않을까?

CASE 28 저는 신입사원인데, 혼자 있고 싶은 시간을 갖고 싶기도 해서 점심시간에 혼자 식사를 하러 가는데, 그러면 안 되나요? 요즘은 혼밥도 혼술도 흔한 일인데….

CASE 29 직장상사는 제 능력을 넘는 과한 업무를 시키고 '할 수 있다'라는 말을 듣길 바라는 것 같아요. 정말 늘 그렇게 말을 해야 하나요? 조직에서 상사들은 '예스맨'을 정말 좋아하나요?

➲ 업무 분담이 잘되어 있어서 부서별로 업무를 배분하고 지시하겠지만, "못하겠습니다." 또는 "할 수 없습니다."라고 했을 때 그 뒤에 발생될 일을 생각해보길 바란다. 만약 본인 혼자 하기 어려운 일이라면 함께 할 동료를 섭외하는 것이 어떨까?

CASE 30 거래처랑 또는 상사와 만나기로 한 약속시간이 늦었는데, 어떻게 하면 좋죠?

CASE 31 회의시간에 늦었는데, 이럴 때 어떻게 해야 하나요?

➲ 솔직함이 최선이다. 요즘은 문자나 SNS를 이용하여 감사나 사죄의 마음을 전달하는데, 가급적 감사를 해야 할 일이나 사죄를 해야 할 일이 있다면 전화를 걸어 마음을 전하는 것이 바람직하다. 또한 시간이 늦다보면 급하고 초조한 마음에 도착 가능한 시간을 줄여서 알려주는 경우가 많은데, 이럴 경우 그 시간마저 지키지 못하면 두 번이나 약속을 어기는 상황이 되니 도착시간은 다소 넉넉히 알려주는 것이 바람직하다.

CASE 32 무조건 반말하는 직장선배(상사) 때문에 기분이 나쁘고, 대면하고 싶지 않아요. 매일 만나는 일이 있는데, 피할 수도 없고….

CASE 33 업무를 받고 약속한(지시받은) 마감시간을 맞추지 못할 것 같은데, 어떻게 해야 하나요?

➲ 솔직함이 최선이다. 그런데 당장 내일이 약속한 날인데, 오늘 저녁쯤 연락을 해서 마감일을 지키지 못하겠다고 하는 것은 상당히 결례이다. 마감일을 지킬 수 있는지 아닌지는 본인이 제일 잘 안다. 그렇다면 어떻게 해야 할까? 그리고 요즘은 문자나 SNS를 이용하여 감사나 사죄의 마음을 전달하는데, 가급적 감사를 해야 할 일이나 사죄를 해야 할 일이 있다면 전화를 걸어 마음을 전하는 것이 바람직하다. 또한 미안한 마음에 필요한 시간을 줄여 알려주는 경우가 많은데, 이럴 경우 그 시간마저 지키지 못하면 두 번이나 약속을 어기는 상황이 되니, 양해를 구하고 마감시간은 다소 넉넉히 요구하는 것이 바람직하다.

CASE 34 직장동료들이 몇 명이 모이기만 하면 다른 동료(상사, 후배 등) 험담을 자꾸 하는데 같이 자리를 하기가 힘들어요. 맞장구치는 것도 싫고, 그런 자리가 너무 불편해요. 어떻게 하죠?

➲ 그런 자리는 피하는 게 상책이다. 그러나 조직생활을 하다보면 그런 자리를 피하기만 하는 것도 쉽지가 않다. 그렇다면 어떻게 해야 할까?

CASE 35 상사가 업무지시를 하면서 한 말을 또 하고 또 하고 또 하고! 왜 그럴까요? 같은 얘길 듣고 있기가 힘들어요. 말씀하는 지시사항을 다 이해했는데….

➲ 두 가지 이유가 있을 것 같다. 첫째는 상사의 스타일(성격)이라 할 수도 있고, 두 번째는 이유는 원인이 당신일 수도 있다. 그 이유는 무엇일까?

CASE 36 과장님이 시킨 일을 대리님이 하지 말라고 하면 어떻게 해야 하나요? 참 힘듭니다.

CASE 36.1 대리님이 시킨 업무를 미루고, 과장님이 시킨 업무를 먼저 처리하라고 지시하는 경우도 있어요.

➲ 당신에게는 괴로운 일이 될 수도 있지만, 중간에서 피해를 볼 이유는 없다. 과장에게는 대리의 의견(말)을, 대리에게는 과장의 의견(말)을 전해서 그 두 분이 정리하도록 하는 것이 이상적일 것 같다.

<NEWS> 함께 생각해 볼 뉴스! 당신의 생각은 어떤가요?

사내 '갑' of '갑' … 직장인 60%, '이랬다저랬다 형!'

직장인이 생각하는 사내 최고의 '갑'은 이랬다저랬다 말 바꾸는 유형인 것으로 드러났다. 취업포털 〈커리어〉가 직장인 498명을 대상으로 '사내 갑을부서'에 대해 설문조사한 결과를 28일 밝혔다. 조사결과 응답자의 58.2%가 '자기가 제대로 뭘 원하는지도 모르면서 이랬다저랬다 하는 유형'을 최악의 '갑'으로 꼽았다. 이어 '막말이나 반말 등 인간적으로 무시하는 갑(24.3%)', '업무 외에 사적인 일까지 부탁하는 갑(12.3%)', '스케줄을 자기 마음대로 바꾸는 갑(3.4%)', '무리한 접대를 요구하는 갑(1.8%)' 순이었다. 응답자의 72.1는 '직장생활을 하면서 막무가내로 구는 '갑' 때문에 회사를 그만둘까 생각한 적이 있다'고 밝혔는데, '사내 '갑' 부서가 있다고 생각한다'는 직장인도 87.4%에 달했다. '갑이라고 생각하는 이유'로는 '회사의 주업무를 맡고 있기 때문(44.4%)'이라는 답변이 가장 많았다. '회사의 수익창출에 가장 영향이 큰 부서이기 때문에(30.1%)', 'CEO의 관심부서라서(19.5%)', '해당부서 관리자가 능력이 뛰어나서(4.8%)', '사내 가장 힘든 일을 맡고 있어서(1.2%)' 순이었다. 반대로, 사내 '을' 부서가 있다(78.3%)'고 답한 이들은 '사내 핵심부서가 아니기 때문에 '을'이라고 생각한다(41%)'고 답했다.

그렇다면 직장인들이 왠지 막 대하게 되는 '을'은 어떤 유형일까? 응답자 절반 이상은 '기본적인 업무조차 제대로 하지 못하는 유형(54.6%)'을 꼽았다. 이어 '피드백이 느리고 스케줄을 못지키는 유형(18.7%)', '그게 아니라며 변명부터 늘어놓는 유형(16.7%)', '자기의견 없이 무조건 "네네" 하는 유형(6.8%)', '업무 관련 지식이 부족하다고 느껴지는 유형(3%)' 순으로 나타났다. 기타로는 '남에게 미루는 유형'이라는 의견이 있었다.

(베리타스알파, 2017.12.28. 신승희 기자)

▶ 기사를 읽고 느낀 점은 무엇인가요?

경조사

1. 흉사의 예의

1) 흉사 시 지켜야 할 예의

흉사(凶事)란 ① 흉(凶)하고 언짢은 일, ② 사람이 죽은 일로 슬프고 마음이 아프며 위로가 필요한 일을 당한 상황이라 할 수 있다. 그러므로 흉사를 당한 사람에게 지나치게 긍정적인 위로는 도움이 되지 않으므로 주의해야 한다.

조문 시 지켜야 할 순서는 다음과 같다.

조의금 봉투 앞면, 뒷면 작성방법

① 빈소에 들어가기 전에 호상소(접수부)가 마련되어 있으며, 조의금을 내고 방명록을 작성한다. 조의함(부의함)이 마련되어 있으면 조문 후 나올 때 넣는다. 봉투작성 방법을 옆의 그림을 참고하며 賻儀(부의), 謹弔(근조), 奠儀(전의)라는 표현으로 할 수 있다.

② 상주에게 가볍게 목례하고, 영정 앞에서 무릎을 꿇고 또는 서서

분향이나 헌화를 한다.

- 분향 시 예의 : 오른손으로 향을 1개 또는 3개(반드시 홀수로) 집어들고 불을 붙이고 향이 피도록 한다. 이때 향에 붙은 불을 끄기 위해 '후~' 하고 입으로 불면 안 되고, 향을 가볍게 흔들어 끄도록 한다. 왼손으로 오른손을 살짝 받쳐 향로에 넘어지지 않을 정도로 꽂는다.
- 헌화[4] 시 예의 : 준비해 둔 국화의 줄기를 오른손으로 잡고 왼손으로 받쳐 영정 앞 단상에 놓는다.

③ 흉상 시 공수자세는 남성은 오른손을 왼손 위로 가도록 포개고, 여성은 왼손이 오른손 위로 가도록 포갠다. 영정 앞에서 2배 반 절하고(2번 절, 일어서서 허리를 깊이 숙여 반절), 특정종교를 가진 사람은 종교의식에 맞게 기도나 묵념을 한다.

④ 상주에게 다가가 맞절과 답배를 하고, 경우에 따라서는 정중히 고개를 숙여 예를 표할 수도 있다. 그리고 상주에게 위로의 말을 전한다.

---

4) 헌화 시 꽃봉우리 방향이 영정 쪽으로 해야 하는지 조문객 쪽으로 해야 하는지에 대해서 정의된 바가 없다. 그러나 중국, 러시아, 미국, 유럽 등은 꽃봉우리를 영정 쪽으로 향해 헌화하고 있고, 일본은 조문객 쪽으로 하고 있다. 해당 장례식의 진행상황을 파악해서 적절히 방향을 잡도록 해야 한다.

상주의 부모인 경우	이렇게 상을 당하시어 얼마나 망극[5]하십니까? 망극한 일을 당하셔서 어떻게 말씀을 드려야 좋을지 모르겠습니다. 춘추는 얼마나 되셨습니까? 장지는 어디로 정하셨습니까?
상제의 아내인 경우 상제의 남편인 경우	뭐라고 위로의 말씀을 드려야 할지, 위로의 말씀이 없습니다. 상사에 어떻게 말씀 여쭐지 모르겠습니다.
상제의 자녀인 경우	얼마나 가슴이 아프십니까? 얼마나 애통하십니까?
상제의 형제인 경우	상을 당하여 얼마나 애통(비감)하십니까?

⑤ 조문이 끝나면 서둘러 나오는 모습을 보이지 말고 조용히 나온다.

2) 조문 시 지켜야 할 예의

① 조문객의 옷차림

- 남성과 여성은 검정색 정장이 원칙이나, 갑자기 연락을 받았다하더라도 짙은 색의 복장을 갖추는 것이 예의이다.
- 상가에 도착하여 조문 전에 미리 외투나 모자는 벗어둔다.

② 조의금 봉투에 넣는 단자(봉투 안의 종이를 일컬음)를 사용하는데, 단자에 조의금 액수를 쓰기도 한다. 예를 들면, '금 00000원'으로 작성을 한다. 그러나 영수증을 작성하듯이 '일금 00000원정'이라고 쓰면 안 된다.

③ 조문 시기는 상을 당한 날보다 둘째 날이 좋은데, 첫째 날은 조문준비가 안 되어 있을 수 있기 때문이다.

5) 망극이라는 표현은 부모상에만 써야 한다.

④ 휴대폰은 진동으로 하고 장의진행에 대해서 간섭을 한다든지 고인의 사망 원인, 경위 등을 유가족들에게 상세히 묻는 것은 실례이므로 조용히 일행이나 혼자 식사를 하는 것이 좋다. 그리고 유족에게 정신적인 피로를 주지 않도록 말을 많이 하지 않도록 하며, 간혹 친구나 친지를 만나더라도 큰소리로 떠들지 않고 조문이 끝난 뒤 밖에서 대화하도록 한다.

⑤ 조문을 갔을 때 본인의 종교와 상이하더라도 상례 절차를 따라 조문하는 것이 예의다.[6]

⑥ 돌아가신 분이 장수하셨다고 하더라도 상주에게 "호상(好喪)[7] 입니다."라고 말하는 것은 바람직하지 않다. 천수를 누렸다하더라도 사람의 죽임 앞에는 좋은 때란 없는 것이다.

⑦ 조문을 마치고 나올 때 상주와 가까운 관계가 아니라면 따로 인사를 하지 않아도 된다.

2. 경사의 예의

여기서는 경사의 많은 내용 중 수연(壽宴)을 다루고자 한다.

---

6) 기독교식 조문
- 상주에게 인사를 하는 것은 무관하나, 영구 앞에서는 절을 하지 않는다.
- 빈소 입구나 영정 아래 〈저희 장례는 기독교 상례대로 하오니 영구 앞에 절은 삼가주십시오.〉라고 안내하는 것도 좋은 방법이고, 조문객의 경우, 빈소에 기독교를 알리는 표식이 있을 경우는 그에 따르는 것이 예의이다.
- 그러나 비기독교 조문객을 위해 향과 향로를 제단 앞에 마련해 두는 것도 예의이며, 준비되어 있는 흰국화를 헌화하고 고인에 대해 묵념이나 기도를 한 후 상주와 맞절 또는 위로한다.

7) 호상(好喪) : 복을 누리고 오래 산 사람의 상사

① 수연(壽宴)은 장수를 축하하는 잔치와 부부가 결혼한지 60주년 되는 회혼례(回婚禮) 등이 있다.

육순(六旬)	• 회갑을 맞기 한 해 전의 생일잔치 • 우리나라 나이로 60세
회갑(回甲)	• 회갑을 환갑(環甲)이라고도 하며, 우리나라 사람들이 가장 의미 있게 생각하는 기념일 • 우리나라 나이로 61세
진갑(進甲)	• 진갑을 넘기면 70세까지는 무난하게 살 수 있다는 전통인 풍습에서 비롯됨 • 우리나라 나이로 62세
칠순(七旬)	• 고희(古稀)라고도 함. 장수를 기원하며 잔치를 하는 기념일 • 우리나라 나이로 70세
망팔(望八)	• 우리나라 나이로 71세가 되는 생일
희수(喜壽)	• 우리나라 나이로 77세가 되는 생일
팔순(八旬)	• 우리나라 나이로 80세가 되는 생일
미수(米壽)	• 우리나라 나이로 88세가 되는 생일
구순(九旬)	• 우리나라 나이로 90세가 되는 생일
백수(白壽)	• 우리나라 나이로 99세가 되는 생일
천수(天壽)	• 우리나라 나이로 100세가 되는 생일
회혼례(回婚禮)	• 부모님이 혼인한지 예순 해의 회혼을 축하하는 잔치

② 수연 때 초대장을 보내기도 하나, 요즘은 문자 등으로 대신하기도 한다. 초대장은 자녀 이름으로 보내고, 인사말과 수연의 내용, 장소, 시간, 날짜 등을 명시한다.

③ 초대에 오신 분들을 위해 정성스런 답례품을 준비하기도 한다.

④ 초대받은 사람은 축하금을 준비하는데, 단자(봉투 안의 종이를 일컬음)에 금액, 날짜, 이름 등을 쓴다.

3. 직장 내 곤란한 상황을 Role Play로 준비해볼까요?

CASE 37 업무적인 일로 회의나 설명을 들을 때 "뭐 문제 있어요?"라는 말을 들어요. 저는 잘 듣고 있는데…. 왜 그런 거예요? 뭐가 문제인가요?

____

____

____

____

CASE 37.1 업무적인 일로 회의나 설명을 들을 때 지적을 가끔 받을 때가 있는데, 뭐가 문제인가요? 저는 회의에 집중하고 있는데….

____

____

____

____

➲ 커뮤니케이션은 단순히 '말'로만 하는 것은 아니다. 미국 캘리포니아대학 심리학과 명예교수이자 심리학자인 알베르트 메라비안이 발표한 이론으로 '메라비안의 법칙'이라는 것이 있다. 효과적인 커뮤니케이션에 영향을 주는 요소들로 시각적 요소(표정, 복장, 제스처, 즉 시각적 정보를 주는 요소들)가 55%, 청각적 요소(목소리, 억양, 톤 등)가 38%, 그리고 언어적 요소(말의 내용)가

7%라고 했다. 즉 이는 커뮤니케이션은 말로만 이루어지는 게 아니라 다양한 요소들이 복합적으로 서로 영향을 주면서 전달되는 것이다. 그렇다면 당신이 왜 회의 때 지적을 받는지 곰곰이 생각해보기 바란다.

CASE 38 사무실에 친구가 자주 와요. 반가울 때도 있지만 근무 중이라 눈치가 보이기도 하고, 오지 말라고 하자니 맘을 상하게 할까 걱정도 되고, 어떻게 해야 하나요?

CASE 39 업무로 급한 일을 하고 있는 중인데, 상사가 다른 일을 지시하면 어떻게 해야 하나요?

CASE 40 근무시간에 병원이나 은행에 다녀오면 눈치가 보여요. 그래도 병원도 갈 일이 있고, 은행도 갈 일이 있을 수 있잖아요? 어떻게 하는 게 좋을까요?

➲ 직장인은 다소 자유롭게 사용할 수 있는 반차나 휴가가 있다. 필요하다면 적극적으로 활용하자. 주변 동료들에게 피해주지 말고!

CASE 41 더치페이 하자고 말하는 게 버릇없는 행동인가요? 한 사람이 같이 동행한 사람 밥값 다 내고, 또 다른 사람이 커피까지 다 사야 하고, 얻어먹을 때도 불편하고 살 때도 불편하고….

➲ 요즘은 특별한 이유 없이 한 명이 비용을 다 내는 경우는 드물다. 그리고 더치페이 하는 것이 일반적인 분위기이니 너무 걱정할 필요는 없을 것 같다.

CASE 42 식사하러 가서 꼭 신입사원 또는 막내가 숟가락과 젓가락을 준비해야 하나요?

➲ 숟가락과 젓가락 좀 준비하는 게 크게 어려운 일은 아니다. 누구든 준비해주면 '고맙다'는 인사를 받고 나쁠 게 없을 것 같다.

교통수단

1. 에스컬레이터 이용과 매너

① 올라갈 때 : 고객과 직원, 상사와 부하, 남성과 여성이 이용할 경우 고객 · 상사 · 여성이 먼저 오르고, 직원 · 부하 · 남성이 뒤따른다.

② 내려갈 때 : 직원 · 부하 · 남성이 앞서고 고객 · 상사 · 여성이 뒤따른다. 이는 직원 · 부하 · 남성이 고객 · 상사 · 여성을 보호하는 차원이기도 하다(만약의 일에 대비).

③ 남성이 스커트를 입은 여성을 안내하는 경우, 오르고 내려갈 때 남성이 앞서고 여성이 뒤를 따르는 것도 무관하다. 여성이 스커트를 입고 남성보다 먼저 오르면 에스컬레이터의 특성상 위로 향하여 두세 계단 위에 있는 것과 마찬가지여서, 여성의 입장에서는 뒤를 따르는 남성이 신경 쓰일 수 있기 때문이다.

④ 에스컬레이터 이용 시 한쪽으로 서있어야 하고, 다른 한쪽은 급하게 이동하는 사람을 위해 비워두어야 하며 중간에 버티고 서있지 않도록 한다. 그리고 마시는 음료가 있더라도 이동 중에는 음료의 위치를 본인 쪽으로 해서 보관한다.

〈NEWS〉 함께 생각해 볼 뉴스! 당신의 생각은 어떤가요?

직장인들이 생각하는 SNS '꼴불견' 게시글 1위는?

직장인 10명 중 3명 이상은 직장 동료들과 소셜미디어에서 친구가 되는 것을 부정적으로 보는 것으로 나타났다.

취업포털 〈잡코리아〉와 〈알바몬〉이 직장인 1,883명을 대상으로 조사한 결과, 88.7%가 페이스북이나 블로그 등 개인 소셜미디어 계정이 있는 것으로 집계됐다고 12일 밝혔다. 이 중 현재 소셜미디어 활동을 하는 이들이 76.6%였다.

직장인 중 61.8%의 회사 동료와 소셜미디어 친구를 맺고 있는데, 59.9%는 동료가 친구신청을 걸어올 경우, 40.1%는 내가 직접 친구 신청을 하여 친구가 되었다.

많은 이들이 직장 동료들과 '페친(페이스북 친구)' 등 소셜미디어에서도 '친구'로 지냈지만, 37.3%는 회사 사람과 친구맺기에 부정적인 반응이었다. 이는 긍정적인 답변(31.9%)이나 '잘 모르겠다'는 답변(30.9%)보다 많았다. 이 같은 부정적 인식은 소셜미디어 상에서 공유하고 싶지 않은 개인 일상이 공개되기 때문(응답률 73.1%)이다. 또 일과 개인의 삶이 양립되지 않는 기분이 들고(33.6%), 소셜미디어에서도 회사 사람들의 이목을 신경 써야 하는 점(30.8%)도 신경이 쓰인다는 답변도 나왔다.

반면, 직장 소셜미디어 친구를 긍정적으로 생각하는 이들은 관심사를 공유하며 친해질 수 있고(74%), 생일·기념일 등을 챙겨줄 수 있으며(34.7%) 업무 관련 이슈를 간편히 공유하거나(24.8%) 타부서 동료들과 알고지낼 수 있어서(24.5%) 좋다고 답했다.

직장인들이 개인정보 중 소셜미디어를 통해 공개하는 항목으로는 거주지역(71%·복수응답)이 가장 많았고, 출신학교(57.2%)와 취미·관심사(45.2%), 친구관계(41.6%), 이메일(26.0%), 직장(24.8%) 순이었다.

한편, 직장인들은 소셜미디어에서 본 '꼴불견 콘텐츠'로 '익명으로 지인을 비판·저격하는 글(37.5%)'을 꼽았다. 정치·종교적 입장을 극단적으로 밝히는 글(30.4%)이나 감성과 허세가 가득한 글(28.8%), 재산·선물 자랑 글(26.5%), 특정 제품·기업을 홍보하는 글(21.7%)도 싫어했다.

(경향신문, 2016.09.12.)

▶ 기사를 읽고 느낀 점은 무엇인가요?

2. 엘리베이터 이용과 매너

① 엘리베이터 내에서의 상석 위치는 그림과 같다. 엘리베이터의 상석은 조작버튼의 대각선 안쪽이다. 그리고 엘리베이터를 기다리는 동안 문에 기대는 위험한 일이 없도록 한다.

② 당신이 부하라면 상사가, 연소자라면 연장자가, 남성이라면 여성이 먼저 타고 내릴 수 있도록 외부버튼을 눌러 기다린다. 그리고 내릴 때는 부하가, 연소자가, 남성이 먼저 내려 외부에서 조작버튼을 눌러 안전하게 내릴 수 있도록 한다.

③ 당신과 관계없는 사람들과 함께 엘리베이터를 이용하는 경우는 먼저 타서 열림 조작버튼을 눌러 이용객들이 탈 수 있도록 배려한다. 안쪽으로 깊숙이 들어가 자리를 잡을 수도 있으나, 센스를 발휘하여 입구 쪽 열림 조작버튼을 눌러 다른 사람들이 편리하고 안전하게 탈 수 있도록 하는 것이 좋다.

④ 엘리베이터 내에 탑승자가 많아 층수를 누를 타이밍을 놓쳤거나 탈 때 누르지 못한 경우는, 조작버튼 가까이 있는 사람에게 양해를 구해 층수를 눌러줄 것을 부탁하면 된다. 무리해서 조작버튼 가까이 가는 것은 다른 사람을 더 불편하게 하는 것이다. 그러나 탑승자가 없는 경우는 직접 조작해야 한다.

⑤ 엘리베이터 내에서는 껌을 씹을 때 소리가 나지 않도록 하고, 음식물 섭취(김밥, 햄버거, 과자 등)는 삼가고, 특히 음료 같은 것은(뜨거운 커피 등) 가지고 타지 않는 것이 좋으나, 부득이 가지고 타야 하는 경우는 자신의 가슴 쪽이나 당신의 몸 쪽으로 보관하고 등을 돌려 벽 쪽을 바라보고 서있도록 한다. 왜냐하면, 탑승객끼리 부딪히거나 탑승객이 많을 경우 뜨거운 음료를 쏟아 사람이 다치거나 옷에 튀어 서로 불미스러운 일이 발생할 수 있기 때문이다.

⑥ 엘리베이터 내에서 탑승객끼리 불필요한 접촉이 있지 않도록 주의하고, 특히 신체적 접촉도 물론이고 가방이나 핸드백이 다른 사람에게 닿지 않도록 해야 하며 탑승 시 엘리베이터 내에 인원이 많을 경우는 다음 엘리베이터를 탑승하는 것이 이상적이다.

⑦ 반려견을 데리고 탈 때는 반드시 목줄을 한 후, 안고 타서 보살피도록 한다. 소형견이든 대형견이든 100% 안전하다고 볼 수 없는 사건사고가 많기 때문이다. 특히 대형견의 경우는 입마개를 착용하고 엘리베이터 벽 쪽으로 붙게 하여 서있게 하며, 사람들이 많이 탑승해 있는 경우는 다음 엘리베이터를 기다려 이용하는 것이 바람직하다.

⑧ 엘리베이터가 도착하면 탑승을 기다리는 사람은 내리는 사람들이 내릴 수 있도록 길을 터주어, 다 내릴 때까지 기다렸다가 탑승하도록 한다. 먼저 타려고 무리한 행동을 하게 되면 내려야

할 사람이 내리지 못하는 경우도 있고, 불필요한 접촉으로 불쾌한 일이 발생할 수도 있기 때문이다.

⑨ 만석을 알리는 경보음이 울리면, 지체없이 맨 마지막에 탑승한 사람이 내려야 한다.

〈NEWS〉 함께 생각해 볼 뉴스! 당신의 생각은 어떤가요?

직장인이 꼽은 회의실 꼴불견 1위 '답정너'

직장인들이 함께 회의하고 싶지 않은 회의시간 최악의 꼴불견으로 '답정너'를 꼽았다. 답정너는 "답은 이미 정해져 있고, 너는 대답만 하면 돼!"라는 뜻의 신조어로, 자신이 듣고 싶은 말만 들으려 하는 사람들을 가리킨다. 직장인들은 또 일주일에 평균 2.2회의 회의에 참석하는 것으로 나타났는데, 73.4%가 '회의가 시간낭비라고 느낀 적이 있다.'고 답했다.

취업포털 〈잡코리아(www.jobkorea.co.kr)〉는 최근 직장인 931명을 대상으로 직장 내 회의를 주제로 실시한 설문조사 결과를 31일 발표했다. 조사결과 직장인들은 일주일에 평균 2.2회의 회의에 참석하고 있는 것으로 나타났다. 직무별로는 △영업직이 2.9회로 주간 회의참석 횟수가 가장 많았으며, 사무직과 전문직이 각각 2.3회로 그 뒤를 따랐다. 회의 참석이 가장 적은 직무는 생산직으로 주 평균 1.6회였다. 특히 일주일에 5회 이상 회의에 참석하는 직장인은 12.8%로 나타났다. 주 5일 근무제를 기준으로, 일주일간 매일 1회 이상의 회의에 참석하는 직장인 비중은 영업직이 20.8%로 가장 높았다. 영업직을 제외한 다른 직무의 비중은 11.8%로 상대적으로 낮았다.

사내에서 적정한 수준으로 회의가 열린다고 느끼는지를 묻는 질문에는 직장인 51.5%가 '그렇다.'고 답했다. 반면 '불필요하게 너무 많이 열린다.'는 36.7%, '필요한 회의도 너무 안 연다.'는 의견은 11.8%로 나타났다. '적정하다.'는 의견은 전문직(59.9%)과 사무직(51.6%)에서 높게 나타난 가운데, '너무 많이 열린다.'의 응답은 영업직에서 51.5%로 특히 높았다.

직장인들은 또 회의가 시간낭비라고 느껴진 적이 있다고 입을 모았다. 〈잡코리아〉 설문에 참여한 직장인 중 73.4%가 '회의가 시간낭비라 느껴봤다.'고 답한 것이다. 회의를 시간낭비라고 느낀 이유(복수응답, 이하 응답률)를 물은 결과 '아무리 회의하고 결성을 내려봤자 상사의 지시 한마디면 방향이 바뀌니까(45.1%)'가 1위를 차지했다. '회의를 해도 달라지는 것이나 결론이 없어서(36.3%)', '별로 중요하지도 않은 신변잡기, 근황 등의 잡담을 나누느라 시간을 보내서(32.7%)'도 근소한 차이로 2, 3위를 다퉜다. '번번이 같거나 비슷한 말이 반복적으로 나와서(29.3%)', '사전정보나 회의 내용에 대한 이해 없이 참석하게 되어서(27.5%)', '말로만 회의이고 실제로는 특정한 사람 몇 명의 의견을 청취하는 자리라서(19.0%)' 등도 적잖은 응답을 얻으며 직장인들의 공감을 자아냈다. 이밖에 '당장 급하거나 중요한 업무를 제치고 참석해서(14.1%)', '마땅한 안건 없이 그저 주기적으로 여는 보여주기식 회의라서(13.0%)', '굳이 회의를 열지 않고도 다른 방식으로 공유할 수 있는 내용이라서(11.0%)', '불필요하게 너무 오래 해서(10.0%)' 등의 의견도 이어졌다.

하지만 비록 불필요하다고 여겨지는 회의라 하더라도 '참석하지 않는다.'는 직장인은 약 5%에 불과했다. 〈잡코리아〉에 따르면, 직장인 37.6%가 '시간낭비라 느껴지는 회의라도 되도록 참석한다.'고 답했으며, '무조건 참석한다.'는 의견도 29.9%에 달했다. 27.2%의 직장인은 '내 업무 일정에 지장이 없는 경우에 한해 참석한다.'고 답하기도 했다.

〈잡코리아〉는 회의에 함께 하고 싶지 않은, 회의실 최악의 꼴불견에 대해서도 물었다. 조사결과 직장인들이 가장 기피하는 회의실 꼴불견(복수응답, 이하 응답률) 1위에는 '자기가 낸 의견과 아이디어, 결론만이 정답이라 믿고 우기는 답정너형(61.96%)'이 꼽혔다. 2위는 '한 얘기를 반복해서 말하는 중언부언형(45.3%)'이, 3위는 '회의 주제를 자꾸 벗어나 논점을 흐리는 샛길형(33.8%)'이 각각 꼽혔다. 또 '타인의 의견에 감정적으로 대응하는 감정발산형(26.7%)', '남 얘기하듯 아무 관심 없이 자리만 채우다 가는 남이사형(25.9%)', '회의 다 끝나고 엉뚱한 말하는 딴말형(21.7%)'. '무반응형(18.2%)', '지각형(9.2%)' 등도 회의실 꼴불견으로 꼽혔다.

한편, 찜질방회의, 맥주회의 등 격식을 파괴한 회의가 실제로 업무에 도움이 되는지를 물은 결과, 이를 경험한 직장인들의 만족도가 높은 것으로 드러났다. 〈잡코리아〉 조사에서 이러한 격식파괴 회의가 사내에 도입되어있다고 답한 직장인은 16.5%이다. 이들은 격식을 파괴한 회의가 '새로운 아이디어 발굴, 친밀감 형성 등 업무에 도움이 된다(62.3%).'고 입을 모았다.

(한라일보, 2017.05.31. 조상윤 기자)

▶ 기사를 읽고 느낀 점은 무엇인가요?

3. 회전문 이용 시

안내문에 일반적으로 "한 칸에 한명씩 이용하세요."라는 내용과 함께 주의를 요하는 안내문구가 있다. 이는 회전문에 옷이나 손이 끼어 다칠 수 있는 위험이 있기 때문이다. 어린이를 동반한 경우, 한 칸에 보호자와 이동하는 것은 무관하다.

회전문이 자동인 경우는 강제로 밀리 않고, 회전속도에 맞추어 걸음속도를 조절한다. 자동으로 움직이는 회전문이 아닌 경우는 다른 사람들이 함께 이용하므로 세게 밀지 말고 조심히 밀어 회전문이 움직이도록 한다. 회전문을 세게 밀 경우 발생될 일은 무엇이며, 짐이 많은 경우는 회전문을 이용하는 것보다는 옆쪽 미닫이문을 이용하는 것이 바람직하다.

4. 교통수단의 이용매너와 주의사항

여기서는 많은 사람들이 흔히 이용하는 대중교통을 중심으로 한 이용매너와 이용 시 주의할 사항 등에 대해서 설명하고자 한다.

교통수단을 이용하는 경우에 가장 주의해야 할 점은, 함께 이용하는 다른 사람들에게 불편을 주는 행동이나 행위는 하지 않아야 하는 것이다. 그리고 함께 동승하는 일행 중에 상·하 관계가 있는 경우에는 상석과 하석을 잘 구분하여 자리에 착석하게 하는 것도 중요하다.

먼저, 기차의 이용매너와 상석과 하석에 대해 알아보고자 한다.

1) 기차의 이용매너와 상석 및 하석

(1) 기차의 상석과 하석

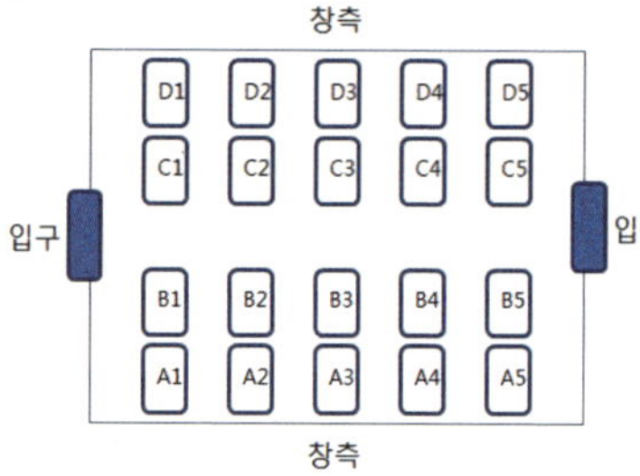

① 기차는 복도를 사이에 두고 두 개의 좌석이 양쪽에 있고, A, B, C~에 1, 2, 3~의 번호가 매겨져 있다.

② 기차에서의 상석은 기차가 달리고 있는 방향으로(순방향) 창측에 있는 모든 좌석(A와 D열)이다. 그러나 동행한 일행 중 윗사람이 복도측(B와 C열)을 원한다면, 복도측 좌석을 이용하도록 하는 것이 좋다.

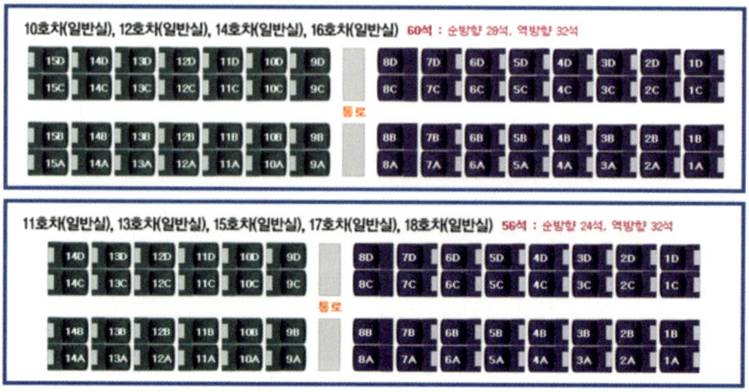

③ 4개가 마주보고 있는 좌석에서의 상석 위치는 그림과 같다. 이때도 동행한 일행 중 윗사람이 복도측(3와 4열)을 원한다면, 복도측 좌석을 이용하도록 하는 것이 매너이다.

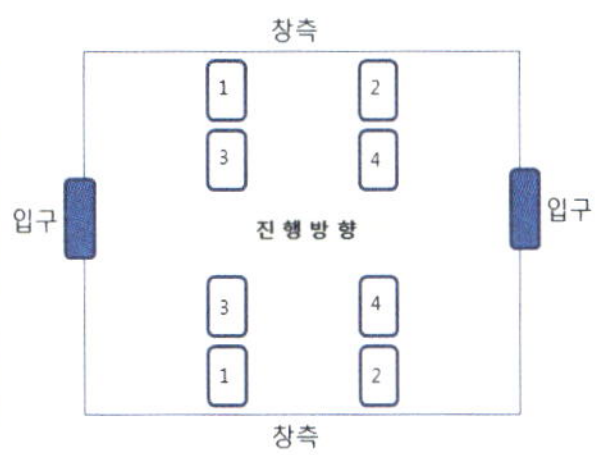

(2) 기차의 이용매너

① 본인의 좌석을 찾아 자신의 자리에 앉도록 한다. 비어있는 좌석인줄 알고 앉았다가 중간역에 승객들이 탑승하는 경우, 본래 좌석 승객에게 불편을 줄 수 있기 때문에 자신의 좌석에 앉도록 하는 것이 매너이다.

② 일반석과 특실의 구조는 다음과 같은 차이가 있다. 일반석이 복도를 사이에 두고 좌석이 2개인데 반해, 특별석은 복도를 사이에 두고 한 개의 좌석과 두 개의 좌석으로 구분되어 있다(이는 기차의 특성에 따라 구조가 상이하기도 함).

특실 실내

일반석 실내

③ 가방을 보관할 수 있는 선반이 좌석 위에 있어서 본인의 짐을 올리는데, 올리기에 부피가 큰 짐의 경우 열차와 열차 간 사이에 마련되어 있는 짐칸에 보관하도록 한다. 특히 본인의 짐을 올리지 않고 옆 좌석에 보관하지 않도록 하는 것이 바람직하다. 그리고 고정이 어렵거나 위험한 물건 등은 선반을 이용하는 것보다 열차와 열차 간 사이에 마련되어 있는 짐칸에 보관하도록 한다. 혹시 열차 운행 중에 떨어져 승객이 다치는 사고가 있을 수 있기 때문이다.

④ 짐을 가지고 탑승한 경우, 복도를 차지하여 다른 승객들의 이동이나 탑승에 방해를 주지 않도록 해야 하기 때문에, 우선 본인 좌석에 밀어 넣어두고 후 객실 내 승객 탑승이 어느 정도 정리되면 정리를 하도록 한다. 많은 승객이 좌석을 찾기 위해 복도에 머물거나 이용하기 때문에, 짐을 올리는 과정에서 다른 승객에게 피해를 주거나 다칠 위험이 있으니 주의해야 한다.

⑤ 좌석 내 테이블이 준비되어 있어 간단한 식사나 음료를 먹고 마실 수 있으나, 옆 사람이나 주위 사람에게 피해를 주지 않도록 상식선에서 식음료를 이용한다.

또한 전화를 이용할 경우, 가능한 열차 연결공간에서 자유롭게 통화하여 주위사람들에게 필요 없는 소음으로 피해를 주지 않도록 한다.

⑥ 일행이 있는 경우라도 큰소리로 대화를 하거나 큰소리로 웃고 떠드는 등의 행동으로, 주변 손님들에게 피해를 주지 않도록 주의한다.

⑦ 좌석 두 개가 공간 없이 붙어있기 때문에, 팔걸이를 이용할 경우 옆 사람과 불편하지 않도록 주의해야 한다. 그리고 신발을 신은 채 의자에 발을 올려놓지 않는다(여러 사람이 사용하는 좌석이므로!!).

⑧ 좌석 간 거리가 거의 없는 기차 좌석의 특성상 음악을 들을 때 볼륨의 크기를 조절한다(또한 연인 간 애정 행각은 둘만 있는 곳에서!!).

⑨ 어린아이가 오래 울거나 할 경우는 잠깐 이동해서 보살펴주고, 어린이들이 객실에서 떠들거나 뛰지 않도록 보호자가 각별히 신경 써야 한다.

〈NEWS〉 함께 생각해 볼 뉴스! 당신의 생각은 어떤가요?

최고 복리후생은 '좋은 상사' … 직장인 98% '꼴불견 상사에 사기저하'

대부분의 직장인들은 꼴불견인 상사로 인해 근무의욕의 저하를 경험했던 것으로 나타났다. 25일 취업포털업체인 인크루트에 따르면, 최근 직장인 898명을 대상으로 '꼴불견 상사와 근무한 경험'에 대한 설문조사 결과, 응답자의 97%는 '꼴불견 상사'와 근무했다고 답했다. 특히 이 가운데 98%는 꼴불견인 상사로 인해 근무의욕 저하를 경험했다고 밝혔다.

직장인들이 손꼽은 '꼴불견상사'의 유형으로는 '자신의 업무에 대한 책임을 회피하는 '미꾸라지형'과, 본인의 기분에 따라 팀 분위기를 좌지우지하는 '이기주의형'이 각각 20%로 동률을 기록했다. 이어 '이랬다저랬다 말 바꾸는 변덕쟁이형(19%)', '사사건건 감시하고 지적하는 지적형(15%)', '상사의 명령이나 의견에 무조건 순응하는 예스맨형(13%)', '자신과 코드가 맞으면 OK, 아니면 NO인 편가르기형(11%)' 등이 뒤를 이었다.

직장인 직급에 따라 싫어하는 상사의 유형도 달랐다. 사원~주임급의 경우 '이기주의형 상사를 가장 싫어한다고 밝힌 반면, 상대적으로 연차가 높은 대리, 과장, 차장, 부장급 인사는 하나같이 '미꾸라지형' 상사에 거부감을 보였다.

그렇다면 부하직원들이 가장 선호하는 직장상사 상(像)은 무엇일까? 많은 응답자들이 '효율적으로 업무를 추진하는 스타일(24%)'을 꼽았다. 이어 '팀원과의 수평적 소통관계를 이끄는 모습(21%)'이나 '공과사의 구분이 확실한 모습' 및 '칭찬과 격려를 아끼지 않는 모습(각 15%)', '경청하는 태도를 보이는 모습(14%)' 등도 상사들에게서 바라는 유형으로 선택했다.

이상적인 직장상사의 모습에선 직급별 편차가 크지 않았다. 사원급만이 '팀원과의 수평적 소통관계를 이끄는 모습(23%)'을 가장 이상적인 리더상으로 꼽은 가운데, 전직급에서 '효율적으로 업무를 추진하는 모습'을 최선호 상사 유형으로 선택했다. 그 비율은 직급별로 주임급이 27%, 대리급이 23%, 과장급 26%, 차장급 29%, 부장급 27%로 전 직급에 걸쳐 고르게 나타났다.

인크루트 관계자는 "보통 일보다는 사람 때문에 힘든 것이 직장생활이라고 한다."며 "직급을 떠나 동료들

각자가 서로 관심을 가지고 배려한다면 더욱 바람직한 직장생활을 누릴 수 있을 것"이라는 조언했다.

(한국일보, 2017.05.25. 허재경 기자)

▶ 기사를 읽고 느낀 점은 무엇인가요?

2) 자동차의 상석과 하석 및 운전과 이용매너

자동차는 사람들과 이동하는 교통수단 중 가장 좁은 공간이라고 할 수 있다. 그리고 다른 이동수단과 마찬가지로 상석이 존재하기 때문에 연장자, 손님이나 상사를 모실 때 좌석안내나 배치를 정확히 하도록 한다.

(1) 자동차의 상석과 하석

① 그림 A처럼 운전기사가 있을 경우, 상석은 운전기사 자리와 대각선 뒤쪽이 가장 상석이고, 뒷자리 가운데가 가장 하석이다.

② 그림 B처럼 운전기사 없이 본인이 직접 운전할 때는 운전대 옆자리가 상석이고, 뒷자리 가운데가 가장 하석이다. 본인이 직접 운전하고 운전자의 부인이 동승할 경우는 운전자 옆좌석에 앉도록 한다.

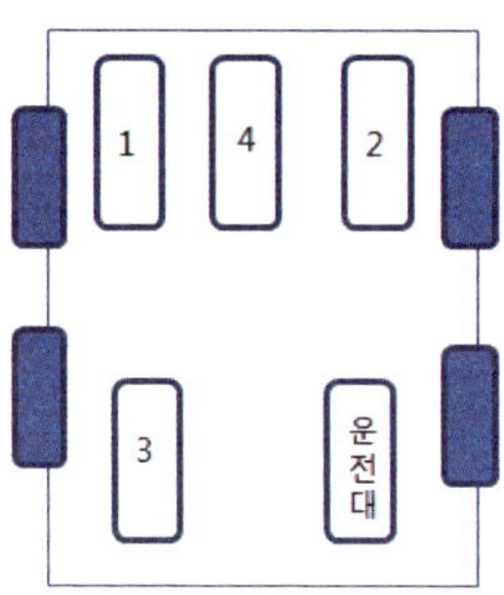

A 운전기사가 운전하는 경우

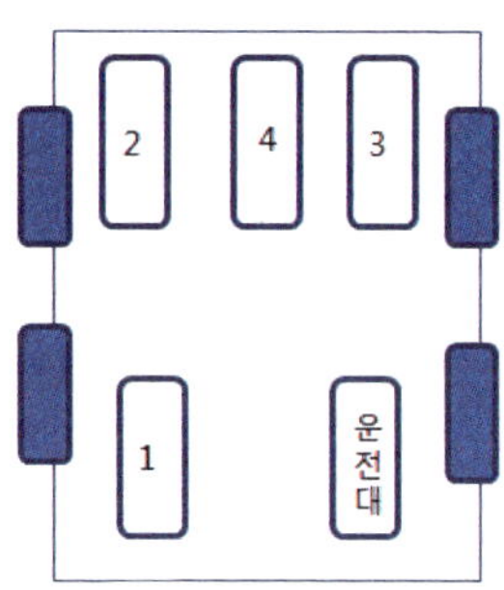

B 운전기사가 운전하는 경우

③ 그림 A, B에서처럼 가장 하석은 4번 위치인데, 일행 중에 여성이 가장 하석인 4번 자리에 앉을 입장이라 하더라도, 그 여성이

스커트를 착용하고 있다면 4번 자리에 앉도록 하면 안 된다.

④ 상석에 앉는 위치의 연장자, 손님이나 상사가 다른 자리에 앉기를 원한다면, 기본적인 상석과 하석의 위치보다 그 사람의 의사를 더 존중하여 좌석을 선택할 수 있도록 하는 것이 좋은 매너이다.

(2) 운전자의 운전 및 이용매너

① 운전자는 특히 동승자가 있을 경우 안전운행에 주의해야 한다. 신호를 지키지 않고 무시한다든지, 급출발 · 급정지하거나 경적을 올린다든지, 다른 차나 다른 운전자에게 욕을 한다든지, 속도를 잘 지키지 않아 동승자를 불편하게 하는 일이 없도록 한다.

② 핸드폰 사용을 자제하여 본인과 차 안에 함께 탑승한 탑승객의 안전에 유의한다. 그리고 동승자나 운전자의 경우 지나치게 개인적인 통화는 상대에게 양해를 구하고 미루도록 한다.

③ 주차 시 주차선을 지켜 반드시 주차를 해야 하고, 다른 차선을 넘어 다른 차가 주차하는데 방해를 주지 않도록 한다.

④ 주차를 하고 자리를 이탈할 경우는 반드시 연락처를 남겨놓도록 하고, 주차를 하지 말아야 하는 곳은 절대 주차를 하지 않아야 하며, 다른 차를 가로질러 잠시 주차 중이면 반드시 메모를 남기는 것이 바람직하다. 예를 들면, "OO학원 픽업을 왔습니다. 곧 차를 빼도록 하겠습니다. 죄송합니다."이다.

⑤ 운전을 하는 사람과 본인이 탑승을 할 경우는 운전자 옆에 앉는 것이 예의이다(본인이 운전자보다 직급 차이가 많이 나는 상급자라면 뒷자리에 앉는 것도 무관하다). 운전자 옆에 앉았을 경

우는, 잠을 잔다든지 발을 앞에 올린다든지 신발을 벗는 행동은 자제해야 한다.

⑥ 흡연자의 경우는 다른 사람의 차 내에서 흡연은 실례이므로 흡연을 피하도록 한다(함께 동승한 일행의 양해를 구하는 것도 좋은 방법이 아니다).

TIP **주차매너**

1 주차 여유가 없을 경우는 공공시설(특히 백화점, 영화관, 마트 등) 서로가 더욱 규정이나 규칙을 지켜야 한다.

2 특히 주차선을 지키지 않고 사진과 같이 주차하는 것은 얌체 같은 행동이고 타인에게 불편을 주는 상당히 매너 없는 행동이라 할 수 있다.

3 주차된 차가 움직일 것을 예상하여 그 자리에 주차를 하기 위해 계속 기다리는 것은 뒤로 밀려든 차와 운전자들에게 불편을 주는 것이므로, 혼잡을 더 야기시키는 행동이다. 자리가 비어 있지 않는 이상은 차가 빠지기를 기다리며 정차하여 기다리지 않도록 한다.

3) 대중교통 이용매너

① 대중교통 이용 시에 가장 신경 써야 할 매너는 주변사람들에게 피해를 주지 않는 것과 많은 사람들이 함께 이용하는 대중교통 수

단인 택시, 버스, 지하철 등을 파손하거나 더럽히지 않는 것이다.

② 정류장에서 기다리면서 흡연을 하거나 침을 뱉는 등의 행위는 좋은 매너가 아니므로 삼간다.

③ 줄을 서서 기다리는 상황이라면 반드시 줄을 서서 기다리고, 앉아서 기다릴 수 있는 의자가 준비되어 있다면 노약자나 임산부에게 양보를 하는 것이 바람직하다.

④ 대중교통에 탑승할 경우 음료는 처리하거나 뚜껑을 반드시 닫고 탑승을 한다. 지하철이나 버스는 많은 사람이 탑승을 하기 때문에, 음료가 흘렀을 경우 본인뿐만 아니라 다른 사람에게 피해를 줄 수도 있고 지하철이나 버스를 더럽힐 수도 있다. 택시를 이용할 경우도 마찬가지다.

이러한 대중교통은 지속적으로 움직이므로 음료나 음식을 먹는 장소로 적합하지 않으므로 삼간다.

또한 대중교통 내에서 큰소리로 떠들거나 통화를 하는 등의 행위는 다른 사람들에게 피해를 줄 수 있으므로 자제하도록 하는 것이 좋고, 부득이한 통화는 작은 소리로 간단히 하도록 한다.

⑤ 버스나 지하철을 이용 시 어린이와 함께 탑승한 경우 어린이를 앉혀서 다치지 않도록 보호하고, 어린이가 떠들거나 돌아다니지 않도록 보살피도록 한다. 특히 어린

이가 앞자리를 차는 등의 발장난을 하지 않도록 한다.

⑥ 버스나 지하철 내에서 다리를 꼬고 앉거나 다리를 지나치게 벌리고 있어서 다른 사람의 공간을 침범하거나 불편을 주지 않도록 한다. 또한 옆자리에 짐을 올려놓고 두 자리를 확보하여 다른 승객이 앉는 것을 방해하면 안 된다.

⑦ 탑승 시 안쪽으로 들어가 자리를 잡고, 내리는 입구를 막아서서 내리는 사람들에게 불편을 주지 않도록 한다.

⑧ 전화통화나 동행한 사람들과 대화를 하면서 지나치게 소음을 일으키지 않는다. 그리고 승·하차 시 통화를 할 경우 승차와 하차를 지연시킬 수 있고 사고가 발생할 수 있으므로 승·하차 시에는 통화를 멈추는 것이 바람직하다.

⑨ 가방이나 짐을 가지고 탑승한 경우는 앉아있을 경우 다리 위에 보관하거나, 좋아리 뒤쪽에 보관하도록 한다. 서 있는 경우는 가방을 가슴 쪽으로 보관을 하거나, 짐은 발 앞쪽에 보관하고, 다른 승객에게 불편을 주지 않도록 한다.

⑩ 쓰레기가 생길 경우는 잘 보관하여 하차 후 처리해야 한다. 절대로 의자 사이에 끼워두거나 바닥에 버리지 않도록 한다. 비가 오는 날 사용하게 되는 우산을 잘 접어 다른 사람에게 불필요한 실례를(우산을 조여 매지 않아 다른 사람의 옷을 젖게 하거나,

공간을 침범하는 등) 하지 않도록 하고, 반려견은 가능한 동행하여 탑승하지 않는 것이 좋으나, 부득이 동행해야 할 경우는 운반 가방에 넣어 탑승하되 반려견을 꺼내어 보살피는 등의 행동을 자제하도록 한다.

〈NEWS〉 함께 생각해 볼 뉴스! 당신의 생각은 어떤가요?

인재라고 뽑았는데 … 첫 직장 떠나는 신입들

회사가 원하는 인재를 뽑고 있는가?

누구의 잘못인가?

입사 6개월인 이불만 씨 때문에 김팀장의 한숨은 깊어만 간다. 회계팀은 월말에 처리해야 할 일이 많다. 모두가 야근을 하며 정신없이 일하고 있는데, 불만 씨는 6시만 되면 기다렸다는 듯이 퇴근한다. 경영학을 전공한 불만 씨는 경영관리 직군으로 입사하여 회계팀에 배치되었으나, 자신은 이런 일을 하기 위해 대학 4년을 공부한 것이 아니라며 세 달 넘게 전략팀으로 보내달라고 요청하고 있다. 처음에는 김팀장은 "전략은 현장실무 경험과 회사 전반을 이해한 상태에서 근무해야만 좋은 성과를 낼 수 있으니, 이곳에서 회사재무에 대한 폭넓은 이해를 하길 바란다."고 조언을 했다. 이불만 씨가 수긍하지 못하고 계속 요청하자, 김팀장은 인사팀장에게 조심스럽게 이불만 씨의 전배에 대해 이야기를 꺼내보았다. 인사팀장은 전략팀은 인원 충원계획이 없고, 무엇보다 회사에 대한 전반적 이해가 부족한 상태에서는 근무가 불가능하다고 강조하며, 본인이 싫다면 어쩔 수 없지 않느냐고 말한다. 자신이

원하는 부서에 배치되지 않은 이불만 씨는 신입사원임에도 불구하고, 항상 화가 난 모습과 일에 몰입하지 못하여 실수가 많다. 김팀장은 이번이 마지막이라는 생각으로 이불만 씨를 부른다. 신입사원의 이직률이 매우 높다. 지난해 한국경영자총협회가 조사한 신입사원 이직률은 27.7%이다. 취업이 어려운 상황에서 이런 높은 이직률은 이해하기가 어렵다. 신입사원들이 어려운 관문을 통과하여 입사했다면, 목표를 정하고 혼신의 힘을 다해 하나 둘 성취를 이루어가야 하는데, 열정을 다하지 못하는 이유는 무엇일까? 경영층에서는 요즘 신입사원들이 의지가 약하기도 하고, 현업 조직장의 육성과 획일적인 조직문화도 잘못이지만, 채용부터 잘못되었다고 채용개선을 지시한다.

신입사원 채용 시, 무엇을 고민해야 하는가?

경영층은 3R(Right People, Right Time, Right Place)을 강조한다. 인성이 중요하다며 채용에서 인성이 안 좋은 지원자를 다 걸러내라고 한다. 쉽지 않은 일이다. 기업채용 개선과 관련한 프로젝트를 수행하고, 면접관 교육과 수많은 채용설명회 강의뿐 아니라 『누가 원하는 회사를 얻는가?』란 책도 저술하면서, 채용 담당자에게 아래와 같은 10가지 체크리스트로 채용의 수준을 생각해 보라고 한다.

1. 최적의 인재를 뽑았다고 어떻게 보고할 것인가?
2. 채용정원은 어떻게 결정해야 옳은가?
3. 채용은 지원부터 확정까지 어떤 프로세스(절차)를 가져가야 하는가?
4. 채용절차의 효율성을 가져가기 위해 무엇을 개선해야 하는가?
5. 입사지원서에는 어떤 질문을 하며, 어떻게 평가할 것인가?
6. 채용과정에서 인성과 전문성을 볼 수 있는 방법은 무엇인가?
7. 면접관 교육, 질문과 심사표 작성은 어떻게 해야 하는가?
8. 최종 합격자와 직무와의 적합성을 어떻게 매칭할 것인가?
9. 채용의 성공비결이 무엇이라고 생각하는가?
10. 합격자와 불합격자에 대한 조치와 채용 후 유지관리를 어떻게 해야 하는가?

올바른 채용이 되기 위한 성공비결 4가지

"사람이 경쟁력이며 답이다."란 말은 백번 들어도 옳다. 와이셔츠의 단추를 채울 때, 시작 단추를 잘못하면, 아래 단추 모두는 잘못되어 결국 전부를 수정할 수밖에 없다. 회사에 맞지 않는 신입사원이 채용되면, 그와 함께 근무하는 임·직원만의 문제가 아닌 신입사원 본인에게도 커다란 손실이다. 올바른 채용이 되기 위해서는, 첫째, 회사의 인력운영 철학과 원칙이 확고해야 한다. 회사가 어떤 인재를 뽑아 어떻게 육성하겠다는 인재상, 인재선발의 원칙 그리고 중장기 인력 운영방안이 수립되어있어야 한다. 필요도 하지 않는 인원을 뽑아 배치한다면, 회사와 개인 다 불행해질 수밖에 없다. 회사맞춤형 인재와 중장기적 운영방안에 따라 필요한 부서에서 필요한 인재를 제때 선발할 수 있는 제도적 지원이 되어야 한다. 둘째, 직무중심 채용으로의 전환이다. 대부분 회사는 신입공채의 경우, 지금까지는 직군 중심의 채용을 실시해 왔다. 크게 구분하여 일반사무직, 연구개발직, 마케팅 영업직, 생산직군이 대표적 구분이다. 이러한 직군 중심의 채용은 기업의 직무 구분과 학교의 학과가 정확하게 일치하지 않는 부분도 있지만, 직무에 대한 명확한 기술 중심으로 채용할 수 없는 어려움도 있다. 어느 직무, 어느 수준의 경험과 지식 보유, 어느 자격증을 구비하고, 함께 근무할 부서가 면접에 참여하여 맞춤형 인재가 선발되어야 한다.

셋째, 채용시스템 정비이다. 입사지원서, 인·적성검사, 인성 / 팀워크 / 전문성에 대한 면접, 신체검사, 합격통보, 입문교육 전까지의 유지관리 등이 효율적이고 효과적으로 이루어져야 한다. 이를 위해 채용부서에서 각 영역별 얻고자 하는 바를 정확하게 측정하고 평가하는가를 살펴야 한다. 지원자의 입사지원서를 전부 복사하여 면접관에게 전달하는 시대는 지났다. 채용시스템을 정비하여 지원자를 감동케 해야 한다.

넷째, 입사지원서 심사위원과 면접관에 대한 선정과 교육이다. 언제, 어디서나 누가 하더라도 동일한 선발이 되기 위해서는 입사지원서 심사 및 면접에 임하는 면접관의 눈높이가 동일해야 한다. 임박하여 아무 교육 없이 심사나 면접에 응하게 하는 것은 곤란하다. 통상 10~15배수의 입사지원서 합격자 선정을 하는 심사위원은 사전교육과 영역별로 최소 1박을 하며 심사표를 확정하여 심사를 담당하게 해야 한다. 면접관 역시 사전교육을 실시하고, 그 결과에 따라 임명장을 수여하고, 면접 전 1박을 하며 질문, 심사표를 결정하게 해야 한다. 사람이 중요하다면, 선발체계와 방법 그리고 운영에 만전을 기해야만 한다.

(한국경제, 2017.05.30.)

▶ 기사를 읽고 느낀 점은 무엇인가요?

5. 직장 내 곤란한 상황을 Role Play로 준비해볼까요?

CASE 43 대리님이 과음을 하는 편인데, 그럴 때마다 상사(과장님, 부장님)분께 취중에 자주 불만을 토로하고 술주정 비슷하게 해요. 중간에서 정말 난감해요. 어떻게 대처해야 하나요?

➲ 참 재미있는 상황이기도 하고 참 어려운 상황이기도 하다. 그 다음날 취중에 불만을 말한 사람과 들은 사람이 주고받은 이야기를 모두 잊어버렸다면 상관없지만, 그렇지 않다면 곤란한 상황이 생길 수도 있다. 중간에 있는 당신이 어떻게 할 수 있는지 방법을 생각해 보자. 그러한 상황을 만들지 않거나 그런 상황까지 가지 않도록 하는 것이 가장 이상적이다.

CASE 44 저희 팀장님은 회식을 하고 나면 꼭 집까지 데려갑니다. 몇 명을 함께 데려갈 때도 있고, 아닐 때도 있어요. 늦은 시간에 사모님께도 민폐고, 다녀오면 시간도 많이 걸려 집에 가는 것도 불편해요. 왜 팀장님은 집으로 데려가려고 할까요?

➲ 팀장님의 행동이 나쁜 의도를 가지고 그러는 것 같지는 않다. 부하들을 챙기는 것일 수도 있고, 습관적인 것일 수도 있고, 아무 의미 없이 술을 더하고 싶어서 그럴 수도 있다. 그렇다고 거절하기도 쉽지 않으니, 함께 가는 것도 나쁘지는 않다. 그러나 성(性)이 다를 경우는 주의를 하는 게 좋다. 팀장님 집에서 사모님을 만났을 때 어떻게 할 것인지도 한 번 생각해 보는 지혜가 필요하다.

CASE 45 저는 술을 전혀 못하는데, 상사가 따라주는 술잔을 어떻게 처리해야 할지 모르겠어요. 술 못먹는다고 솔직히 말하는 게 마치 술 먹기 싫어서 핑계 대는 것처럼 들릴 것 같아서 이러지도 저러지도 못하고 곤란할 경우가 많아요.

➲ 못마시는 술을 마실 필요는 없다. 그런데 당신의 말이 거짓말 또는 마시고 싶지 않다는 핑계를 대는 것으로 보일 수도 있다. 왜 그럴까? 아니라면 술 못먹는 당신은 어떻게 해야 할까?

CASE 46 회식 후 제 카드로 긁었는데, 그 비용을 어떻게 회수해야 하나요?

➲ 일반적으로 성격이 급한 사람 또는 착한 사람, 술을 덜 마셔서 정신이 온전한 사람이 계산을 하기 마련이다. 카드비용을 청구할 때 1/n로 금액만 알려주는 것보다 더 믿을 만하게 알려주는 방법을 찾아보자. 어떻게?

CASE 47 회식을 하다보면 노래방도 가는데, 꼭 노래를 시켜요. 저는 노래도 못하고, 특히 빠른 댄스곡 같은 건 자신이 없는데 분위기 다 운될까봐 발라드도 못 부르겠고…. 노래를 불러야 한다는 부담에 회식 후 노래방 가는 게 정말 부담스러워요.

➲ 노래에 정말 자신이 없고 음치인 사람들은 누가 노래를 시키거나 노래방을 가는 게 상당히 부담스러울 수 있다. 회식을 하고 노래방을 가보면 의외로 노래에 재능이 있는 동료가 꼭 있다. 그를 적극 활용해 보자.

CASE 48 회식장소나 노래방에서 좀 돋보이는 방법이 없을까요?

CASE 49 선배들이 신입사원에게 밥을 많이 사주고, 신입사원들은 선배들에게 식사를 대접받는데 밥값 안내는 기간이 따로 있나요? 식사할 때마다 조금 눈치가 보여요.

CASE 49.1 후배가 새로 들어오면 같이 식사를 하는 경우가 많은데, 선배(상사) 입장에서 언제까지 사줘야 하나요? 좀 부담스러울 때가 있어요.

CASE 50 선배한테 식사대접을 여러 번 받았는데, 얼마나 얻어먹고 제가 사야 하나요?

➲ 요즘은 사내에 식당이 마련되어 있기 때문에, 식사를 사주고 얻어먹을 기회가 없지만 언제까지 사주어야 하고, 언제까지 얻어먹어도 되는지가 중요한 게 아니다. 그렇다면 중요한건 무엇일까?

CASE 51 상사와 밥을 같이 먹을 때가 많은데, 제가 식사속도가 조금 늦기도 하지만 상사는 식사를 너무 빨리해서 같이 식사하기가 좀 어려워요. 저 때문에 기다리게 하는 게 예의가 아닌 건 알지만, 그렇다고 밥을 안 먹을 수도 없고, 어떻게 하죠?

➲ 같이 식사를 함께 할 때는 주변사람들의 식사속도를 고려하는 것이 매너이긴 하지만, 그렇지 않은 사람이 있다하더라도 어찌할 방법은 없다. 만약 그런 사람과 식사를 하게 될 때 자신이 맞추는 방법을 찾는 것이 나을 수 있다.

CASE 52 식사시간이 지났는데도 아무도 식사를 하러 가지 않아요. 왜 그렇죠? 혼자 밥을 먹으러 가도 될까요? 그러려니 눈치가 보여요.

〈NEWS〉 함께 생각해 볼 뉴스! 당신의 생각은 어떤가요?

2030직장인, '칼퇴 · 연차' 쓸 수 있는 회사분위기 원해

2030세대 직장인들은 불안정한 직장과 그로 인해 빠듯한 생활비 걱정 속에 살고 있는 것으로 나타났다.

문화체육관광부는 취업난 속에 고민이 깊은 2030세대들을 이해하기 위해 소셜미디어 500여 곳의 7천만여 건 빅데이터를 분석한 '2030세대들의 라이프스타일과 일자리 인식' 결과를 12월 28일(목) 발표했다.

수집기간은 2015년 1월부터 2017년 10월까지 2년 10개월간이며 수집대상은 217개 취업커뮤니티와 304개 일반 커뮤니티의 총 6,959만 8,639건의 문자 자료이다. 이들 가운데 일자리에 대한 조사를 하는 그룹은 취업준비생(취준생), 퇴사자, 경력단절여성(경단녀), 신입사원, 이직 · 퇴사 고려자, 직장인 엄마(워킹맘), 직장인 등 총 7개로 나누어 분석했다.

취업커뮤니티에서 일자리와 관련해 가장 많이 언급되는 핵심어는 '연봉'으로 대표되는 돈이었다. 그 다음으로는 연차 등으로 대표되는 '시간'과 '적성' 순이었다. 이는 2030세대의 가치관에 비추어볼 때 '나만의 시간'을 보내는 것은 매우 소중하지만, 일자리를 고려할 때는 시간보다는 연봉에 무게를 두겠다는 것으로 보인다.

구직자					
미디어			2030 커뮤니티		
No.	키워드	언급량(건)	No.	키워드	언급량(건)
1	취업	14.785	1	면접	47.611
2	시험	6,154	2	나이	32.909
3	채용	6,024	3	토익	29.259
4	경력	3.940	4	자격증	25.049
5	역량	3.851	5	자기소개서	23.269
6	학과	3.115	6	스펙	23.057
7	면접	3.024	7	인턴	22.902
8	나이	2.758	8	경력	21.970
9	비정규직	2,740	9	시험	18.143
10	정규직	2.591	10	아르바이트	17.919
11	구직	2.504	11	전공	17.535
12	입사	2,412	12	입사	16.936
13	성적	2.327	13	취업준비	16.828
14	공무원시험	1.853	14	인적성검사	15.077
15	인턴	1.819	15	학점	14.940
16	자원봉사	1.780	16	영어	14.399
17	아르바이트	1.776	17	토익스피킹	13.508
18	영어	1.691	18	대외활동	13.310
19	청년고용	1.685	19	opic	12.044
20	인건비	1.534	20	이력서	7.958

재직자					
미디어			2030 커뮤니티		
No.	키워드	언급량(건)	No.	키워드	언급량(건)
1	역량	29.831	1	나이	60.151
2	시험	22.417	2	면접	37.047
3	학과	18.487	3	경력	33.343
4	취업	17.084	4	입사	27.929
5	채용	13.863	5	아르바이트	26.781
6	경력	13.728	6	영어	18.734
7	나이	12.665	7	자격증	18.423
8	박사	12.287	8	인턴	16.654
9	대학원	12.146	9	스펙	15.040
10	자원봉사	10.867	10	전공	13.511
11	창업	10.489	11	시험	13.179
12	성적	10.187	12	토익	11.775
13	비정규직	10.044	13	토익스피킹	9.998
14	영어	7.788	14	계약직	9.243
15	정규직	6.655	15	정규직	9.092
16	면접	6.606	16	opic	8.813
17	학위	6.518	17	고졸	6.314
18	입사	5.985	18	대졸	6.248
19	인턴	5.422	19	대학원	5.242
20	논문	5.141	20	이력서	6.122

'채용'에 대한 미디어와 커뮤니티 관심 비교(자료 : 문화체육관광부)

한편, 유연한 근무시간을 가장 원하는 그룹은 직장인 엄마(워킹맘)와 경력단절 여성(경단녀) 그룹이었다. 그리고 고학력 · 고스펙 여성들은 결혼 · 출산 · 육아로 인한 경력단절로 재취업의 어려움을 토로하기도 했다. 2030세대는 '개인의 적성'에 맞는 직업은 크게 기대하지 않는 편이다. 이는 당장 취업을 고민하는 이들에게 '적성'을 고려한다는 것은 쉽지 않은 선택이기 때문인 것으로 분석된다. 적성이나 명분을 무시하는 것이라기보다는 그들이 맞닥뜨리고 있는 취업현실이 투영된 부분이라고 해석될 수 있다.

구직자와 재직자 그룹 모두에서 직장생활 관련 핵심어로 '야근'이 나타났으며, 이는 '나의 시간'을 할애하지 못한 곤란함을 언급한 것으로 보인다.

또한 최근 일과 삶의 균형을 원하는 '워라밸(일과 삶의 균형이라는 뜻 : Work and Life Balance)' 흐름을 반영하듯 모두의 희망은 '정시퇴근(칼퇴)'이었다. 하지만 대부분 직장인들이 어떻게 '칼퇴'를 할 수 있을지에 대한 명확한 지침(가이드라인)을 가지고 있지 않기 때문에 '워라밸'은 막연하다고 느끼고 있었다. 2030세대는 '복지나 혜택'을 더 주는 정책보다는 '칼퇴', '연차' 등 주어진 권리를 쓸 수 있는 분위기가 조성되기를 원하고 있었다.

구직자					
미디어			2030 커뮤니티		
No.	키워드	언급량(건)	No.	키워드	언급량(건)
1	월급	7.987	1	연봉	25.909
2	복지	5.275	2	월급	22.310
3	수당	2.992	3	월차	7.158
4	국민연금	2.667	4	육아휴직	7.022
5	연봉	2.567	5	복지	7.020
6	육아휴직	2.550	6	근무시간	5.670
7	퇴직금	2.542	7	퇴직금	5.470
8	근무시간	2.222	8	수당	4.300
9	임금피크제	1.733	9	실업급여	3.983
10	퇴직연금	1.401	10	출산휴가	3.935
11	성과금	1.232	11	상여금	3.822
12	시간선택제	1.213	12	휴가	3.608
13	고용보험	1.103	13	연차	3.526
14	실업급여	1.061	14	초봉	2.589
15	휴가	970	15	신입연봉	2.106
16	상여금	950	16	주5일	2.077
17	최저임금	934	17	성과금	1.963
18	건강보험	919	18	4대보험	1.867
19	출산휴가	906	19	근로계약서	1.736
20	평균임금	850	20	주말근무	1.701

재직자					
미디어			2030 커뮤니티		
No.	키워드	언급량(건)	No.	키워드	언급량(건)
1	복지	30.450	1	월급	69.685
2	월급	21.510	2	연봉	66.688
3	근무시간	12.455	3	퇴근시간	38.115
4	휴가	11.998	4	근무시간	25.886
5	국민연금	10.146	5	휴가	23.615
6	연봉	8.999	6	출근시간	18.615
7	수당	7.822	7	복지	17.043
8	성과금	6.929	8	수당	15.900
9	연말정산	6.289	9	연차	15.503
10	최저임금	6.130	10	상여금	14.952
11	건강보험	5.297	11	주말근무	13.340
12	육아휴직	5.209	12	월차	12.506
13	연차	4.658	13	육아휴직	11.024
14	임금피크제	4.068	14	주5일	10.738
15	상여금	3.619	15	퇴직금	8.374
16	성과연봉제	3.445	16	출산휴가	7.795
17	여름휴가	2.918	17	성과금	7.697
18	유연근무제	2.574	18	야근수당	6.500
19	통상임금	2.396	19	9시출근	5.191
20	퇴직금	2.278	20	6시퇴근	4.864

'근로조건'에 대한 미디어와 2030커뮤니티 관심비교(자료 : 문화체육관광부)

2030세대들 가운데 구직자든 이직을 고민하는 사람이든 '채용'과 관련해 두드러지게 언급한 핵심어는 '나이'였다. 이들은 늦어지는 취업으로 많아지는 나이를 부담요소로 여기고 있었다. 또 '영어'에 대해서도 고득점을 받아야 하는 기본적인 취업 조건으로 생각하고 있었다. 하지만

그만큼 들어가는 비용이 이들의 마음
에 짐이 되고 있는 것으로 나타났다. (Tomorrow, 2017.12.29. 이보배 기자)

▶ 기사를 읽고 느낀 점은 무엇인가요?

비행기

1. 비행기

비행기는 사람들이 이동하는 교통수단 중 비싼 요금을 지불하고, 멀리 갈 때 이용하는 것이며, 많은 사람과 함께 시간을 보내야 하는 특징이 있는 교통수단이다. 버스나 자동차는 중간휴게소에 들러 쉬거나 간식을 먹을 수도 있고, 특히 자동차의 경우는 시간조절도 가능하다. 기차의 경우는 칸을 이동하여 이리저리 움직여 지루함을 달랠 수도 있다.

그러나 비행기는 한 번 탑승하게 되면 중간에 정차하여 내려 쉴 수 있다거나 속도를 줄이거나 늘릴 수 없고, 목적지를 변경하거나 중간에 어디 들릴 수도 없으며, 기내에서 돌아다니는 것도 제한적이고 식음료의 종류도 한정되어 있다. 비행기는 빠르다는 편리함도 있지만, 다른 교통수단에 비해 불편한 점도 분명히 많다.

1) 비행기 기내매너

① 기내에서는 좌석을 임의대로 바꾸지 않는다.

② 짐은 가능한 선반 위에 올린다. 그러나 무거운 짐이나 깨지기 쉬운 물건은 앞좌석 아래로 밀어 넣는다(소지품 분실에 주의한다).

③ 함께 사용하는 팔걸이는 서로 주의해서 사용한다.

④ 이 · 착륙 시 또는 식사시간에는 등받이와 테이블을 제자리에 위치한다.

⑤ 단체가 함께 탑승하더라도 주변에 불편을 주는 소음을 내지 않는다.

⑥ 식사서비스 시 창측 승객의 식사트레이를 전달해 줄 수 있다(복도측이나 중간에 앉은 승객이). 식사를 먼저 끝냈거나 식사를 하지 않더라도 식사 중인 옆 승객을 배려하여 일어나서 움직이지 않고 기다려준다.

⑦ 화장실은 승객대비 수가 다소 부족할 수 있기 때문에, 순서를 잘 기다리도록 한다.

⑧ 착륙준비 중에 짐을 미리 꺼내놓지 않는다.

⑨ 하기 시 주변자리를 체크하고(놓고 내리는 물건이 있는지) 순서를 기다려 내린다.

⑩ 무엇보다 승무원의 지시를 잘 따른다(안전벨트 착용, 안내방송 내용 등).

2) 비행기 이용 시 주의사항

① 비행기를 탈 때 비행기 입구에서 승무원들이 항공권을 확인하는 절차를 거치게 되는데, 항공권을 미리 준비하여 뒤 승객이 기다리는 불편을 주지 않도록 한다.

② 본인의 좌석이 창측이라면 미리 탑승하여 착석하도록 한다. 왜냐하면, 비행기 좌석의 구조가 (창)OOO / 복도 / OOO(창)처럼

3/3 구조이거나, (창)OOO / 복도 / OOOO / 복도 / OOO(창)처럼 3/4/3구조로 되어 있다(항공기 제조사나 항공사 또는 기종에 따라 더 다양한 좌석 배치가 있다). 그러므로 창측의 승객이 나중에 탑승을 하여 자리에 앉게 된다면, 일찍 와 앉아 있던 복도쪽 자리 승객들이 일어나거나 불편을 받을 수 있기 때문에 가능한 창측 승객은 미리 탑승하여 다른 승객에게 불편을 주지 않도록 한다.

③ 본인의 짐이 있다면, 본인의 좌석 위 선반에 올리는 게 바람직하다. 탑승을 하면서 입구 쪽 선반 위에 올려놓고 들어가버리면, 해당좌석 승객은 다른 선반을 이용해야 하는 불편을 겪어야 한다. 그리고 선반에 짐을 보관할 경우는 짐을 겹쳐서 쌓지 않는다. 선반 문을 열 때 쌓아둔 짐이 미끄러져 떨어질 경우, 다칠 수 있는 일이 발생할 수도 있기 때문이다.
또한 그리고 술병이나 지팡이 같은 물건은 선반에 보관하는 것보다 좌석 아래 보관하고, 자주 이용할 물건이 든 가방 역시 좌석 아래 보관하는 것이 좋다.

④ 아이를 동반하는 경우, 앞자리의 등받이를 발로 차서 앞 승객에게 불편을 주지 않도록 보호자가 주의를 기울여야 하고, 기내를 빈번히 돌아다니지 않도록 해야 한다. 이는 어린이의 안전을 보호하고 승무원의 서비스에 방해가 되지 않도록 하기 위함이다.
그리고 신발을 벗어 발냄새로 인해 주변 승객에게 불편을 주지 않도록 하고, 본인이 발냄새가 많이

나는 편이라면 기내용 양말이나 슬리퍼를 준비하도록 한다.

⑤ 기내에서는 지상보다 알코올 흡수율이 3배 빠르므로 기내에서는 본인 주량의 1/3정도만 섭취하도록 한다. 기내에서는 식음료가 모두 무료이기 때문에(일부 저비용항공사에서는 비용을 지불하는 항공사도 있다) 술을 무턱대고 마셔 술에 취하게 되면, 입국이 거절되는 불상사가 발생하기도 하므로 본인 스스로 주의해야 한다. 그리고 기내식은 1인 1식이고, 일부 승객에게는 그 양이 만족스럽지 못할 경우가 있으므로 개인이 준비하여 탑승을 하거나 승무원에게 남은 기내식이 있는지를 물어봐도 무관하다. 다른 승객이 식사를 하지 않는 경우가 있기 때문에, 기내식을 추가로 더 이용할 수도 있다.

⑥ 등받이를 젖히는 것은 승객의 권한이고 자유지만, 시나지게 눕히게 되면 뒤 승객의 공간이 침범받게 되므로, 뒤 승객을 배려하여 좌석등받이를 적당히 넘기도록 한다.

화장실은 많은 사람이 함께 사용하는 곳이므로 화장실은 깨끗하게 이용하도록 한다(세면기를 닦거나 휴지는 휴지통에 버리고 바닥에 물이 넘쳐흐르지 않도록).

⑦ 필요한 부분이 있거나 도움이 필요한 부분이 있어 승무원을 호출할 경우는 호출버튼을 이용해야 하고, 지나가는 승무원의 신체를 치거나 "아가씨", "어이" 등의 호칭을 사용하는 것보다는 "승무원"

또는 "잠시만요."라고 부르는 것이 좋다. 그리고 승무원이 본인보다 나이가 어려 보인다하더라도 반말로 주문을 하거나 말을 건네지 않는다. 또한 서비스를 받고 난 뒤에는 감사의 인사를 간단히 하는 것이 좋다.

⑧ 창 측 승객이나 중간에 끼여 있는 승객의 경우, 화장실을 이용할 때 잠자고 있는 모르는 옆 승객의 다리를 넘어 건너야 한다. 모든 승객이 복도 측의 좌석을 배정받을 수는 없지만, 화장실을 자주 이용하는 승객의 경우는 복도 측의 좌석을 배정받도록 한다.

⑨ 기내식을 먹고 나서는 받은 모양 그대로 그릇을 정리하여 승무원에게 전해주도록 한다. 기내식 트레이Tray는 메인식사와 디저트, 샐러드, 커피잔, 와인잔, 빵접시 등의 다양한 접시나 그릇이 세팅되어 있고, 승무원들이 사용하는 기내식 카트Cart 내부는 일정규격으로 되어있기 때문에 트레이의 그릇을 쌓아두게 되면 승무원이 회수 및 정리에 불편할 수 있기 때문이다.

⑩ 도착지에서 하기할 경우는 앞에서부터 순서대로 내리는 것이 매너이므로 자신이 내릴 순서를 좌석에 앉아 기다리는 것이 바람직하다.

⑪ 국내선에서 반려견을 데리고 탑승하게 되면, 본인이 가지고 있는 보관 캐리어를 이용할 수도 있고, 항공사에서 제공하는 보관박스를 이용해도 된다.

TIP 대한항공 반려견 탑승안내

기내에서는 반려견을 꺼내지 않는 것이 원칙이므로 이를 반드시 지켜야 한다. 간혹 반려견을 꺼내서 케어하는 경우가 있는데, 이는 같은 비행기를 타고 있는 다른 승객에게 불편을 주는 행동이라 할 수 있다. 반려견은 당신에게는 사랑스러울지 모르나, 다른 사람에게는 그 반대일 수도 있고, 알레르기를 가진 승객이 있을 수도 있기 때문에 주의해야 한다.

반려동물 운송 방법

- 반려동물과 운송용기의 총 무게가 5kg 이하인 경우 : 기내로 반입
- 반려동물과 운송용기의 총 무게가 5kg초과 32kg이하인 경우 : 위탁수하물로 탑재
  단, 32kg을 초과하더라도 45kg이하일 경우 일부 국가에서 예외적으로 운송이 허용될 수 있습니다. 공동운항편(Codeshare) 이용 고객의 경우 대형반려동물 운송이 제한됩니다. 자세한 내용은 대한항공 서비스 센터로 문의해 주시기 바랍니다. (45kg초과하는 경우 여객기 운송이 불가합니다.) 서비스센터 안내

운송 용기 조건

- 반려동물이 움직이는 데 불편함이 없도록 충분한 공간이 있는 용기
- 금속, 목재 및 플라스틱 등의 견고한 재질로 된 용기(기내 반입 시에는 천이나 가죽 등 부드러운 재질도 가능)
- 환기구가 있고 방수 처리된 용기
- 잠금 장치가 있고, 비상 시 외부에서 열 수 있는 용기

기내 반입 시

- 일등석, 프레스티지석 : 가로, 세로, 높이의 합이 115cm(45in) 이하인 용기
- 일반석: 가로, 세로, 높이의 합이 115cm 이하이며 높이가 20cm(8in) 이하인 용기 (단, 소프트 용기는 높이 26cm(10in) 까지 가능)

* 기내에서는 안전운항을 위해 반려동물을 운송용기 밖으로 꺼내는 것을 엄격히 금지합니다.

수하물로 위탁 시

- 운송용기의 가로, 세로, 높이의 합이 246cm(97in) 이하인 용기

유의 사항

- 항공기 출발 최소 2시간 전 반려동물에게 음식과 물을 먹이고, 운송용기 바닥에는 종이나 수건, 담요 등을 깔아주어야 합니다.
- 운송용기 바깥 부분에 영문 성명과 비상 시 연락처를 적어 두십시오.

〈NEWS〉 함께 생각해 볼 뉴스! 당신의 생각은 어떤가요?

'반말'로 주문하면, '반말'로 주문받고 반만 드립니다

"손님은 왕이다."라는 말의 의미가 퇴색해가는 요즘이다. 한쪽의 서비스정신을 지나치게 요구한 이 말 때문에 많은 이들이 피해를 봤던 탓일까. 요즘은 양쪽의 책임을 강조하는 모양새다. 27일 다수 온라인 커뮤니티에는 "반말로 주문하면 반말로 주문받는다."는 문구가 적힌 한 카페의 안내문이 올라왔다. 이에 따르면, 손님과 직원은 모두가 똑같은 사람이다. 직원도 누군가에겐 '귀한 자식'이란다. 직원을 함부로 대하지 말란 뜻이다. 안내문에서 "반말로 주문하면, 주문한 음료가 반만 나온다."는 말도 있다. 이를 본 네티즌은 "좋은 아이디어 같다."며 긍정적인 반응을 보였다. 다만, 현장에 제대로 스며들 수 있을지 걱정하는 목소리도 있었다. 한 네티즌은 "직원 교육을 할 때 반말하는 손님에게는 '반말을 해야 한다'고 확실히 가르쳐줬으면 좋겠다."는 의견을 냈다. '남의 집 귀한 자식'이라는 문구가 적힌 티셔츠는 지난해 소셜 네트워크서비스(SNS) 등을 타고 유행하기도 했다. SNS에서 이 같은 안내가 붙어있는 가게를 찾는 일은 어렵지 않았다.

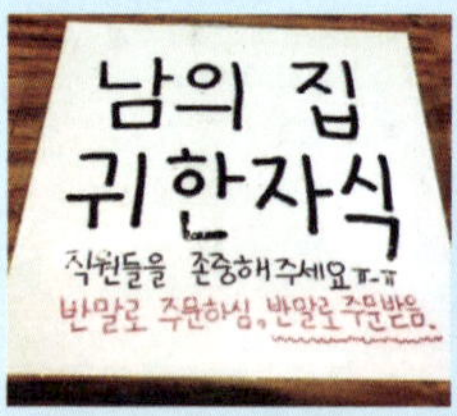

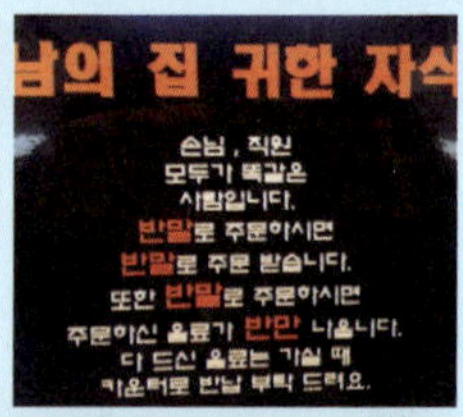

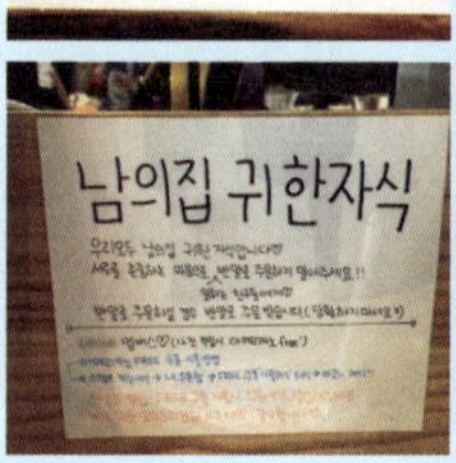

이 티셔츠를 직원 복장으로 선택한 한 관계자는 한 매체와 인터뷰에서 "똑같은 사람이고 인권이 있으니, 이에 맞게 대우해달라는 의미를 전달하기 위해서"라고 말하기도 했다. 아르바이트포털 〈알바몬〉이 아르바이트생 2,996명을 대상으로 최근 진행한 한 설문조사에 따르면, 응답자 중 27.5%는 '진상고객 등에게 신변의 위협을 느낄 때가 많아 안전위험을 느꼈다.'고 답했다. 과거 〈알바몬〉 자체 설문조사에 따르면, 아르바이트생들이 겪는 스트레스 1위는 '인격적 모독'으로 나타났다고 한다. '남의 집 귀한 자식'이라는 문구가 온라인에서 잊을 만하면 나타나 많은 이들에게 공감을 얻는 것은 여전히 현장에서 '귀한 자식'으로 대접받지 못한 이들이 많다는 뜻이다. "손님은 왕이다."라는 말 대신 "모두가 귀한 자식"이라는 역지사지(易地思之) 정신이 담긴 이 말이 좀 더 널리 퍼져야 하겠다.

(중앙일보, 2018.01.28. 채혜선 기자)

▶ 기사를 읽고 느낀 점은 무엇인가요?

3) 비행기의 상석과 하석

① 비행기 내에서 상석은 창측이라고 할 수 있고, 하석은 중간에 끼어 있는 좌석이다(사진 참조). 그러나 상석이 창측이긴 하나, 일행 중 상급자가 복도측을 원하는 경우는 그 의사를 존중하여 자리를 배려하는 것이 바람직하다고 할 수 있다.

② 비상구는 일반 좌석보다 앞 · 뒤 좌석 간 폭이 넓어서 많은 사람이 선호한다. 그러나 비상구 좌석의 착석 규정이 있다. 첫째, 비상탈출 시 승무원을 도울 의사가 있는 승객, 둘째, 신체가 건강한 15세 이상의 승객, 셋째, 유아를 동반하지 않은 승객, 넷째, 외항사의 경우 영어로 의사소통이 어려운 승객이다.

더 자세한 내용은 아래 자료를 참고한다.

Q13. 출입문 쪽 자리가 앞(비상구 좌석)이 넓은 것 같던데 그 자리로 배정받을 수 있나요?
[분류:공항서비스>탑승수속]

출입문 쪽에 위치한 자리는 대부분 '비상구 좌석'을 의미합니다. 이 좌석은 비상 시에 비상구를 개방하고, 승무원의 지시에 따라 다른 승객들의 탈출을 도울 수 있는 사람을 앉히도록 국토해양부 고시에 규정돼 있기도 합니다.

따라서 비상구 좌석 배정의 최우선 순위는 승무원이나 항공사 직원입니다. 왜냐하면 승무원이나 항공사 직원이 상기 고시 규정에 가장 부합하기 때문입니다. 그 다음으로는 비상 시 승무원의 지시에 따라 비상구를 작동, 다른 승객들의 탈출을 도울 수 있는 신체 건강한 승객으로 승무원을 도와 협력할 의사가 있는 고객입니다.

하지만 15세 미만으로 오히려 성인의 도움이 필요한 어린이 승객이나 이런 어린이를 동반한 승객, 신체적으로 근력과 유연성이 부족해 비상구를 열고 팽창된 슬라이드의 균형을 잡거나 비상사태 시 즉각 탈출해 슬라이드로 내려오는 승객들을 일으켜 세우는 동작 등을 수행하기 어려운 승객은 비상구 좌석에 앉지 못하게 되어 있습니다.

또한 안전규칙의 내용을 이해하지 못하거나 청력·시력·언어 장애가 있는 승객, 승무원을 도와 다른 승객의 탈출을 돕는다는 비상구 좌석의 착석 규정을 준수할 의사가 없는 승객 등은 본인이 원해도 그 좌석에는 앉을 수 없는 것입니다.

그러므로 비상구 좌석을 배정하기 위해서는 탑승 수속 카운터에서 체크인을 진행하는 저희 직원이 승객의 적합 여부를 확인하고, 비상구 좌석 안내 및 비상시 협력 의사를 타진해 승객이 승낙하는 경우에 탑승권을 발급하게 됩니다. 따라서 어린이 승객과 동행하는 경우라면 비상구 좌석보다는 통로 쪽 좌석을 요청하시는 것이 좋습니다.

(출처 : 대한항공 홈페이지 FAQ 중에서, http://m.koreanair.com/FAQ/FAQView.aspx?lang=KOR&ct1=500&page=2)

〈NEWS〉 함께 생각해 볼 뉴스! 당신의 생각은 어떤가요?

의족 승객에 비상구 좌석 불허 논란 … 아시아나 '안전상 불가피'

아시아나항공이 비상구열 좌석에 앉은 미국인 승객의 의족 착용 사실을 뒤늦게 확인하고 좌석을 변경한 것을 두고 논란이 일고 있다. 해당승객은 당시의 상황이 담긴 동영상을 유튜브에 올렸고, 아시아나항공은 "안전을 위해 불가피하게 좌석변경을 권고했다."고 해명했다.

24일 항공업계에 따르면, 지난 21일 중국 베이징에서 인천을 거쳐 하와이로 가려던 미국인 30대 승객 A씨가 아시아나항공 베이징발 인천행 OZ334편 비상구열 좌석에 앉았다. 승무원이 비상구열 승객들에게 다가가 비상상황 발생 시 어떻게 해야 하는지 설명하는 과정에서 A씨의 한쪽 다리가 의족인 사실을 확인했다. A씨가 좌석에 앉을 때 바지가 위로 올라가면서 의족이 노출됐기 때문이다.

이에 승무원은 아시아나항공 베이징공항 상주직원을 불렀고, 상주직원이 A씨에게 비상구열 좌석에 앉기 어려운 이유를 설명한 뒤, 다른 좌석으로 옮길 것을 요구했다. A씨는 이 과정을 동영상으로 촬영해 '아시아나항공이 장애인에게 정상인지 증명하라 한다(Asiana Airlines asks disabled person to prove they are capable).'는 제목으로 유튜브에 올렸다.

동영상을 보면, A씨는 비상구열 좌석에서 "아시아나 규정에 따르면, 의족을 단 장애인은 이 자리에 앉을 수 없으므로 다른 자리에 앉히라고 했단 말이냐? 당신 회사 규정이 그렇다고?"라고 묻는다.

아시아나 직원은 "손님 다리가 제대로 기능하는지 증명할 수가 없다. 어떻게 하면 증명할 수 있는지 잘 모르겠다. 손님이 뛰거나 점프하면 되겠지만, 지금은 판단이 어렵다."며 자리이동을 요구했다.

아시아나항공은 외신에서 이번 사안을 보도하는 등 논란이 되자 "승객의 안전을 책임져야 할 항공사로서 해당 승객의 신체적 능력이 비상구열 좌석 승객의 역할을 할 수 있는지 신중히 검토하여 안전을 위해 불가피하게 좌석변경을 권고했다."고 해명했다.

미국연방항공청(FAA) 규정에 따르면, 의족이 비상구 좌석에 배정할 수 없는 근거는 될 수 없지만, 비상상황 시 비상구 좌석 승객 역할 수행 여부에 대한 판단은 항공사의 몫이다.

해당 승객은 비상구 좌석을 추가요금을 내고 샀다고 주장했으나, 아시아나항공은 비상구 좌석에 대해 추가요금을 받지 않는다.

(연합뉴스, 2017.05.24. 성혜미 기자)

▶ 기사를 읽고 느낀 점은 무엇인가요?

<NEWS> 함께 생각해 볼 뉴스! 당신의 생각은 어떤가요?

'기업리스크'로 부상한 직장 내 비매너 행동 … '킹스맨 키워라!'

- 포스코경영연구원 보고서, 한국 직장인 행복도 49위 원인분석
- 과도한 업무, 실적 압박보다 '상사와 동료관계'가 더 문제
- 3가지 유형의 비매너 행동 … '썩은 사과'는 빨리 제거해야
- 매너 있는 직원의 성공 위한 3가지 요건 제시

'창피주기'나 '소극적 적대행위'와 같은 직장 내 비매너 행동이 기업차원의 리스크로 부상했으며, 매너 있는 직원의 성공을 위해 3가지 노력을 기울여야 한다는 지적이 제기됐다.

19일 포스코경영연구원은 POSRI 이슈리포트를 통해 '직장 내 젠틀맨, 성공할 수 있는가?'라는 제목의 보고서를 발표했다.

보고서는 먼저 우리나라 직장인의 행복도가 57개국 가운데 최하위 수준인 49위에 랭크된 것에 집중한다. 이는 글로벌 마케팅사인 유니버섬이 지난해 57개국 20만 명 이상의 젊은 직장인을 대상으로 행복도를 조사한 결과에 따른 것으로, 덴마크와 노르웨이가 1, 2위에 랭크됐으며, 49위인 한국 다음으로는 케냐가 이름을 올렸다.

우리나라 직장인의 행복도가 이렇게 저조한 것은 직장 내 스트레스가 많기 때문인데, 스트레스의 주요원인으로 과도한 업무나 실적 압박이 아닌 '상사와 동료 사이의 관계'가 중요이슈로 부각되고 있다는 지적이다.

최근 <한국심리학회지>에서도 직장인 10명 중 1명은 거의 매일, 5~6명은 월 1회 이상 직장 내 상사나 동료로부터 괴롭힘을 받는 것으로 보고되고 있다. 괴롭힘도 은따(은근히 따돌림), 방쏙(혼자 카톡방에 남겨두고 나감) 등 다양한 비매너 행위로 진화되는 것으로 나타나고 있다.

보고서는 직장 내 비매너 행위의 유형을 3가지로 분류했다.

첫 번째, 창피주기이다. 빈정대는 말이나 공연한 트집, 공개적으로 실수 지적하기 등 주로 언어적 모욕과 혹평을 활용하여 상대방의 자존심을 상하게 하는 행위를 말한다.

두 번째, 소극적 적대행위다. 직접적으로 상대를 공격하지는 않지만 오랫동안 반복적으로 상대방에 대한 부정적 분위기를 만들고, 본인에 대한 피드백을 공격이라 간주해 과

격하게 대응하는 행위이다.

세 번째, 업무방해다. 직장 내 원활한 업무수행을 위해 늘 상호협조가 필요함에도 불구하고, 상대방의 매너 있는 요청에도 무시 또는 납득하기 어려운 이유를 들어 협조를 거부하는 것을 말한다.

보고서는 이 같은 행동을 보이는 매너 없는 사람은 약자에게 강하고 강자에게 약한 '여유토강(茹柔吐剛)' 자세를 보인다고 말한다. 이 같은 비매너 행위가 강한 자기표현 또는 성공비결이라고 착각하기 쉬우나, 실제로 매너 있는 직원의 성공 가능성이 높다는 지적이다.

영국 거바시 교수팀 연구에서도 직원들은 매너 있는 동료를 무례한 동료보다 2배 더 실질적 리더로 인식하고 있으며, 정보를 공유하고 싶은 마음도 59% 더 높아져 매너 있는 직원의 직장 내 성공 가능성이 더 높은 것으로 나타났다.

보고서는 이어 매너 있는 직원의 행동을 역할에 따라 3가지 유형으로 제시하고 있다.

'리더'로서 매너 있는 행동이란 부하직원에게 '겸손한 리더'의 모습을 갖추고 정확한 목표의식, 심리적 안정감, 결과에 대한 책임을 지는 행동을 의미한다. 리더 본인의 스트레스와 감정을 통제할 수 있어야 하며, 업무 및 회의과정 시 부하직원들이 어떤 이야기든 마음 편하게 할 수 있도록 심리적 안정감을 제공하는 것이 성과달성에 매우 중요하다는 얘기다. '동료'로서 매너 있는 행동은 자신의 감정을 누그러뜨리고 주위사람과 감정의 조화를 이뤄 공감을 얻으려고 노력하고 타인을 배려하는 것을 말한다.

'직원'으로서 매너 있는 행동은 조직을 위해 자발적으로 헌신하는 조직시민행동의 자세로 조직에 관심을 갖고 양심적으로 행동하는 것을 의미한다.

이 같은 매너 있는 직원이 성공하기 위해서는 본인은 물론 동료와 회사의 노력 등 3가지가 모두 필요한 것으로 지적됐다.

먼저, 젠틀맨 스스로 무능력, 예스맨 이미지를 탈피하려는 노력을 기울여야 한다는 지적이다. 실력과 매너를 겸비하기 위해 부단한 자기개발 노력을 기울이고, 강자에게도 당당한 기백을 갖출 필요가 있다는 얘기다. 영화 킹스맨의 주인공 해리와 같이 평소에는 친절하지만, 불량배들을 만났을 때는 '매너가 사람을 만든다(Manner maketh Man)'라고 말하며 철저하게 응징할 수 있는 능력을 보유해야 한다는 설명이다. 또 일부 상사나 동료로부터 받은 비매너 행위를 적극적으로 이슈화하고, 젠틀맨의 매너 행동에는 칭찬과 감사를 전하는 노력을 기울여야 한다는 설명이다. 비매너 행위를 당하고도 그들의 업무능력이나 영향력 있는 사람들과의 친분, 보복 우려 등 다양한 이유로 덮어버리는 경우가 많으나, 더 많은 피해자를 만들지 않기 위해 상사나 감사 조직 등 주위에 알려야 한다는 뜻이다.

마지막으로, 회사 차원에서도 비매너 행동 모니터링 방안을 마련하고, 젠틀맨의 가치를 높게 인정하고 전사 차원의 확산 방안을 마련해야 한다고 지적한다. 조직 내 비매너 행위는 직원들 사이에서 쉽게 학습되어 확산되기 쉬운 '썩은 사과' 같은 존재여서 조기에 발견해서 조치하지 않으면 비매너 행위자가 사라져도 조직 내에서 지속적으로 나타날 수 있다는 뜻이다.

보고서는 기업이 위기에 빠졌을 때 다시 일으킬 수 있는 힘은 직원들의 몸에 밴 습관이며, 조직 내 젠틀맨의 성공은 좋은 습관을 갖게 하는 힘이 될 것이라고 강조한다. 실력과 매너를 겸비한 젠틀맨이 조직 내에서 성공하여 리더가 되고, 그들의 행동이 조직 내 전파될 때 최근 기업 내 이슈가 되고 있는 각종 힘희롱, 성희롱 등도 방지하고 건전한 기업문화를 구축할 수 있다는 지적이다.

(헤럴드경제, 2017.12.19. 박도제 기자)

▶ **기사를 읽고 느낀 점은 무엇인가요?**

2. 직장 내 곤란한 상황을 Role Play로 준비해볼까요?

CASE 53 저는 보신탕, 추어탕, 삼계탕 같은 음식을 먹지 못하는데, 직장 동료들이 그런 음식을 자주 먹으러가요. 안가려니 혼자 방을 먹는 게 싫고 먹자니 힘들고…. 어떻게 해야 하나요?

➲ 함께 동참할 것인지 아닐 것이지를 결정하는 게 좋겠다. 하지만 같이 가는 게 좋을 거라면 식당에서도 얼마든지 해결할 수 있다. 그리고 상대방의 식사 취향에 대해서 개인적인 비판은 조심하는 것이 좋다.

CASE 54 저는 입냄새가 나는 편인데, 입냄새를 없애는 방법이 있을까요?

➲ 고민만 하지 말고 경제적인 부분을 이용하여 해결할 방법을 적극적으로 찾는 게 바람직하다. 인간관계를 하면서 대화를 할 기회가 많은데, 구취는 본인이 생각하는 것보다 상대방을 상당히 불쾌하게 할 수 있다.

CASE 55 저는 식사량이 적어서 같이 밥을 먹으러 가면 양이 너무 많아 밥을 늘 남기는데, 같이 간 사람들한테 꼭 한소리 들어요. 왜 그렇죠? 어떻게 하면 좋을까요?

➲ 다 먹을 자신이 없으면, 나눠먹을 방법을 찾거나 다른 방법을 찾아야 한다.

CASE 56 여럿이 모여 식사를 하러 가면 꼭 맛있는 것만 골라먹는 사람이 있는데, 좀 밉기도 하고 같이 밥 먹는 것도 싫고…. 말하자니 좀 어색해질까 불편하고, 어떻게 하죠?

CASE 57 저는 이런저런 이유로 도시락을 싸서 출근하는데, 사무실에서 도시락을 먹으면 괜히 눈치가 보여요. 뭐가 문제인거죠? 어떻게 하죠?

➲ 도시락을 준비해서 사무실에서 먹은 게 문제가 아닐 것이다. 다른 부분이 문제가 있는 게 아닐까?

CASE 58 사무실에서 식사를 주문해서 먹고 나서 깔끔하게 정리하는 방법이 있을까요? 외부에서 식사하고 들어오는 동료들이 "누가 사무실에서 점심 먹었나봐~~"하는데, 먹지 말라는 소리처럼 들리기도 하고….

CASE 59 건강상의 이유로 한약을 먹고 있는데, 자꾸 한약 먹는 동안 먹지 말라고 하는 음식을(돼지고기, 밀가루 등) 먹으러가서 곤란해요. 어떻게 하죠?

CASE 60 상사나 동기한테 라면 얻어먹고 비싼 커피를 사는 게 좀 억울한데, 어떻게 하죠?

CASE 61 점심시간인데, 저만 빼고 식사를 하러 모두 나가더라고요. 왜 그렇죠?

➲ 어떤 상황이고 분위기인지 명확히 파악해야 한다. 어떤 프로젝트를 하는 팀이었기 때문에 그들만 나간건지, 아니면 당신과 함께 식사를 하러 가는 게 불편해서 그런지 알 수가 없다.

CASE 62 요즘은 식사비도 비싸고 커피값도 비싼데, 각자 내자고 하면 꼴불견인가요? 그리고 식사 후에 커피를 매번 사먹는 것도 아까워요.

➲ 요즘은 특별한 이유 없이 누가 한 명이 비용을 다 내는 경우는 드물다. 그리고 더치페이 하는 것은 일반적인 분위기이니 너무 걱정할 필요는 없을 것 같다.

<NEWS> 함께 생각해 볼 뉴스! 당신의 생각은 어떤가요?

'상사면 다냐?' … 끊이지 않는 직장 내 성희롱

CBS 〈노컷뉴스〉는 우리사회 각계에 만연한 각종 '갑질' 양상을 살펴보고 해법을 모색하는 기획 리포트를 마련했다. 이날은 두 번째 순서로 직장 내 성희롱 실태를 짚어본다.

올 한 해 대구에서는 직장 내 성희롱과 성추행이 끊이지 않았다. 지역대표 기업인 대구은행을 비롯해 곳곳에서 피해자가 속출했다. 작금의 사태들에는 공통점이 있다. 가해자는 간부, 피해자는 사회초년생이거나 비정규직이라는 것. 성희롱이 '갑질'의 한 양상으로 분류되는 까닭이다. 직장 성희롱 역시 회사 내 지위를 이용해 아랫사람에게 언어적·신체적 폭력을 거리낌 없이 행사하는 갑질에 해당한다.

강제 입맞춤에 음란사진 전송까지 … "상사면 다냐?"

올해 초 대구은행에서 파견직으로 근무하던 여직원 3명이 간부들에게 몹쓸 짓을 당했다. 지난 7월 대구은행 여직원 2명은 회식 중 강제 입맞춤을, 또 다른 여직원은 원치 않는 신체접촉을 당했다고 털어놨다.

피해자들은 일을 시작한 지 2년이 채 안 된 파견직인 반면, 가해자들은 모두 은행의 고위 간부였다. 직장을 잃을까 두렵고, 회사 안팎에 소문이 돌아 2차 피해를 입을지 걱정되어 피해자들은 쉽게 입을 떼지 못했다. 고용안정이 담보되지 않는 이들에게 상사는 자신들의 생사를 틀어쥔 '갑'이기 때문이다. 가해자들은 이를 교묘하게 이용해 성희롱과 성추행을 수차례 반복했다.

상사의 몰상식한 행동이 무려 8년 동안 반복된 직장도 있다. 대구 성서농협의 경우 직원 100여 명 중 40명이 상사의 도가 넘는 갑질을 호소했다.

직원들에 따르면, 성서농협 간부인 A(52) 팀장은 직원들에게 성희롱과 손찌검을 일삼았다. A 팀장은 한 여직원의 SNS에 음란영상을 수차례 보내며 회답을 요구했고, 일부 여직원들에게는 사적으로 만나자고 강요했다. 남직원에게도 근친상간을 권하는 막말을 대수롭지 않게 했고, 뺨을 때리는 등 폭력을 가하기도 했다. 참고 견디길 반복하던 직원들은 "도저히 못참겠다. 상사면 다냐"고 분통을 터뜨리며 8년 만에 힘겹게 용기를 냈다.

피해자가 또 상처받는 직장구조

그렇다면 피해자들은 왜 그런 일을 당했을 때 곧바로 털어놓지 못했을까.

성희롱 사건이 수습되는 일련의 과정에서 그 이유를 찾아볼 수 있다. 수습과정에서 회사와 가해자가 피해자들의 상처를 덧나게 하는 일이 비일비재하기 때문이다.

성서농협 인사위원회는 지난 7월 A팀장에 대한 징계위원회를 열고 해직처분을 내렸지만, 얼마 안 가 결정을 뒤집었다. 징계 수위를 정직 6개월로 대폭 낮춘 것이다. 노조가 거세게 비판하고 언론이 해당사건을 보도하고 나서야 회사는 A씨에 대한 징계 수준을 해직으로 원상 복귀시켰다.

전국협동조합노조 추민석 교육국장은 "인사위원회가 진작에 합당한 징계를 내리고 피해자들을 A팀장과 분리했다면 피해자들의 상처는 더 빨리 아물었을 것"이라고 말했다.

㈜한국 OSG에서도 초기수습이 지지부진하긴 마찬가지였다.

한국 OSG에서는 상임이사를 겸임하는 고충처리위원장 B씨가 20대 직원 3명을 성희롱하고 성추행한 사건이 벌어졌다. 지난 4월 불거진 문제였지만, 회사는 석 달 간 아무런 조치를 취하지 않았다. 7월에 대구지방고용노동청이 시정조치를 내렸음에도 수일간 침묵했다.

노조가 기자회견을 열고 "회사가 사건의 심각성을 제대로 인식하지 못하고 있다. 조사를 미뤄왔고 강압에 의한 설명회 자리를 마련해 변명으로 일관했다."고 비판하자, 그제서야 가해자를 징계 처분했다. 하지만 징계 수위가 정직 2개월에 전보 조치로 결정나면서 가해자인 B씨를 너무 봐준 것 아니냐는 비판도 제기됐다. 무엇보다 B씨가 회사에 계속 남게 되어 훗날 가해자와 피해자와 또 다시 같이 근무할 우려가 크다는 지적이 나온다.

곳곳에 숨은 성희롱 …"믿고 털어놓을 곳 있어야!"

한국 OSG에서는 B씨 사건을 조사하던 중 회사 내 또 다른 성희롱 가해자가 있다는 것을 알게 됐다. 한 이사가 회식 후 여직원들을 강압적으로 노래방에 데려가 원치 않는 신체접촉을 했다는 제보가 잇따른 것이다. 한국 OSG 노조 차차원 지부장은 "이후 가해자는 감봉징계를 받았다. 우리 주위에서 상사가 부하직원을 성희롱하는 일이 이렇게 많다는 것을 보여주는 사례"라고 지적했다.

이처럼 성희롱, 성추행 사건은 드러나지 않았을 뿐 지역사회에 만연하다. 특히 직장 내 지위를 이용한 '성희롱 갑질'의 경우 터지지 않은 시한폭탄과 같다. 여성단체들은 피해자가 피해사실을 가감 없이 털어놓을 수 있는 창구가 있어야 성희롱 발생을 줄일 수 있다고 말한다. 가해자를 즉각적으로 처벌해야 피해 확산을 막을 수 있고 구성원들이 반면교

사로 삼을 수 있다는 주장이다.

대구여성회 신미영 상담실장은 "가해자들은 대부분 정규직, 그 중에서도 간부가 많고 피해자들은 대부분 20대이거나 사회초년생이기 때문에 회사 내부에서 자체적으로 실태조사를 하고 상담을 진행하면 피해자들이 사실대로 털어놓기 어렵다."고 지적했다.

이어 신 실장은 "회사 내 성평등상담실, 인권센터에 외부 여성·인권단체가 참여해야 피해자들이 속이야기를 할 수 있다. 대구은행은 뒤늦게 인권센터를 만들긴 했지만, 자체적으로 운영하는 것으로 안다. 아쉬움이 남는다."고 말했다.

(노컷뉴스, 2017.12.27. 류연정 기자)

▶ 기사를 읽고 느낀 점은 무엇인가요?

〈NEWS〉 함께 생각해 볼 뉴스! 당신의 생각은 어떤가요?

직장인 80% '좋은 상사되려다 스트레스' … '부하직원 눈치만'

서울에 위치한 한 제약회사 부장 이영준(가명 · 42) 씨는 부원들을 대할 때 스트레스를 받는다. 불과 몇 년 전까지 자기 일을 부하직원에 떠넘기거나 농땡이를 피우면서 교묘하게 괴롭히거나 못살게 구는 나쁜 부장 때문에 스트레스를 받은 적이 있다. 이씨는 막상 부장이 되자, 후배 직원들의 눈치가 더 보인다. 화가 나도 제대로 지적도 못하고 솔선수범해야 한다는 강박에 일도 늘어 근무시간이 더 힘겹다. 연말을 맞아 후배 직원들의 남은 연차를 먼저 챙기면서 정작 자신의 남은 휴가 6일은 쓰지도 못했다. 이씨는 "퇴근 후 후배들과 술 한 잔 마시고 싶어도 그들이 어떻게 받아들일지 몰라 포기하는 일이 많다."면서 "자신보다 직원들을 먼저 챙겨야 하고 평판이 신경 쓰인다. 좋은 상사 스트레스가 크다."고 말했다.

'스트레스를 부르는 그 이름', '청부살인', '폭행', '갈등'…. 국내 대형 포털사이트 검색창에 부정적인 연관 검색어가 가득할 만큼 직장 내 공공의 적은 단연 '직장상사'다. 하지만 직장상사도 부하직원들로 인한 스트레스도 만만찮다. 특히 직장인 10명 중 8명은 좋은 상사가 되려다가 되레 스트레스만 받은 적이 있는 것으로 나타났다.

30일 취업포털 〈커리어〉가 직장인 477명을 대상으로 한 설문조사 결과에 따르면, 응답자의 91%가 "좋은 상사가 되기 위해 노력하고 있다."고 답했다. 특히 이들 중 82.4%는 좋은 상사가 되려고 노력하지만, 그에 따른 스트레스를 받은 적이 있는 것으로 나타났다. 주된 스트레스 유형은 후배직원을 챙겨야 한다. 또는 솔선수범해야 한다는 부담감에서 오는 '정신적 스트레스(52.5%)'였다. '인간관계 스트레스(28.4%)', '업무 스트레스(14.6%)', '금전적 스트레스(4.5%)'도 컸다.

이들의 후배 직원 배려방법으로는 '고민을 들어주거나 본인이 아는 선에서 조언하기(25.3%, 복수응답 가능)'가 가장 많았고, '문제발생 시 책임지기(14.5%)', '개인의 능력을 최대한 발휘할 수 있도록 도움(14.2%)', '칭찬하기(12.1%)' 등이 있었다.

직장인의 72.1%는 "후배직원 사이에서 소외감을 느낀 적이 있다."고 답했다. 주로 "본인에 대한 루머(뒷소문)를 들었을 때 소외감을 느낀

다.(35.5%)"고 했다. '나만 모르는 대화 주제로 이야기할 때(27%)', '사무적인 말투나 형식적인 태도로 일관할 때(18.3%)', '회식 등 내부모임에 초대받지 못할 때(15.4%)', '인사나 사적 대화를 무시할 때(3.8%)' 등도 소외감을 받는 것으로 나타났다.

한편, 직장인이 81.8%는 "본인의 상사에게 불만족하는 부분이 있다."고 답했다. 상사에게 불만족하는 부분으로는 응답자의 49.7%가 '부하직원에 대한 배려 부족'을 꼽았다. 이어 '커뮤니케이션 부족(20%)', '리더십 / 통솔력 부족(12.3%)', '실무능력 부족(10.5%)', '처세술 부족(7.4%)' 등의 순서로 나타났다.

(헤럴드경제, 2017.12.30. 강문규 기자)

▶ 기사를 읽고 느낀 점은 무엇인가요?

공공장소

1. 공공장소에서의 매너

1) 공연 및 전시매너

(1) 공연매너(뮤지컬, 오페라, 연주회 등)

요즘은 공연장이 주변에 많이 준비되어 있고, 다양한 공연을 저렴한 비용에 관람할 수 있는 기회를 어렵지 않게 가질 수 있다. 사람들의 소득수준이 높아지고 문화생활에 대한 욕구도 다양해지면서 이러한 공연을 찾아 관람하는 것은 삶에 활력을 줄 뿐만 아니라 개인의 여가활동과 문화생활을 풍요롭게 하여 생활의 질을 높여준다고 할 수 있다.

다양한 공연을 관람하면서 함께 하는 주변사람들에게 적절한 관람매너를 지켜 바람직하고 이상적인 공연을 관람할 수 있도록 해야 한다.

① 공연을 관람하고 감상할 어느 정도의 인내나 능력이 부족한 연령대는 동반하지 않는 것이 기본매너이다(일반적으로 6세 전 · 후이나 공연의 특성에 따라 상이할 수 있으므로 반드시 확인하도록 한다).

② 공연 15분 전에는 입장하고, 공연장에서는 자신에게 배정된 자리에 반드시 앉아야 하며, 부득이 자리를 바꾸고자 할 때는 바꾸고자 하는 자리에 미리 앉아 있지 않도록 한다.
그리고 앞자리 등받이를 발로 차서 관람에 불편을 주지 않도록 신경 쓰도록 해야 한다.

③ 휴대폰은 반드시 무음으로 한다. 조용한 상태에서는 진동소리도 소음이 될 수 있기 때문이다. 그리고 특히 영화관 같이 어두운 곳에서는 화면의 밝기가 영화를 보는데 방해를 줄 수 있으므로, 가급적 휴대폰을 꺼내어 확인을 하거나 하지 않는다.
그리고 공연장에서는 전화통화를 하는 것은 상식에 어긋나는 일이므로 삼간다.

④ 일반 공연장에서는 음료는 물론 간식(과자류, 껌류 등)을 먹는 것은 무조건 삼가야 한다. 음료는 먹는 행동과 비닐봉지의 소리는 주변사람들이 감상하는데 불편을 줄 수 있기 때문이다. 그러나 영화관에서는 간식류를 판매하고 있어서 구입하여 먹을 수는 있으나, 소리를 최소화하여 매너를 지키도록 한다.
또한 안내장이나 책자, 팸플릿 등을 펼쳐보면서 불필요한 소리를 만들어 내지 않아야 하고, 공연 중에 일행과 감상평을 하거나 작품을 평가하는 등의 대화는 삼가도록 한다.

⑤ 공연 중에는 자리를 피하지 않는 것이 바람직하나, 부득이 밖으로 나가야 할 경우는 공연의 내용을 주의해서 적절한 타이밍에 자세를 숙여 신속히 나가도록 한다. 이때 주변사람들에게 "실례합니다." 또는 "죄송합니다."라고 양해를 구하도록 한다.

⑥ 오페라의 경우, 휴식시간이 있을 경우 휴식시간 끝나기 2~3분

전에 미리 입장하여 착석한다. 그리고 오페라, 연극, 발레는 막이 내린 후에 박수를 치는 것이 매너이고, 박수를 쳐야 할 경우에도 지나치게 튀는 행동은 삼가는 것이 좋으며 특정인(배우, 성악가 등)을 호명하며 환호하지 않는다(그러나 콘서트의 경우는 가능).

⑦ 이탈리아 언어로 Bravo(브라보)는 "잘한다"는 최고의 찬사이다. 여성일 때와 남성일 때를 구분하는데, 남자 단수일 경우는 Bravo(브라보), 여성 단수일 때는 Brava(브라바), 남자 복수이거나 남녀 혼성일 경우는 Bravi(브라비), 여성 복수일 때는 Brave(브라베)이다.

⑧ 오페라나 뮤지컬 등 격식을 다소 갖추어야 할 공연을 관람할 경우 평상복, 슬리퍼 등 지나치게 편한 차림보다는 준정장에 해당하는 다소 격식을 갖춘 복장을 착용하도록 한다.

(2) 전시매너(미술관, 전시회, 박물관 등)

① 어린이를 동반하여 전시장을 관람할 경우, 뛰어다니거나 작품을 만지거나, 관람선을 넘거나, 소리를 지르거나, 떠드는 등의 행동으로 다른 사람의 관람을 방해하지 않도록 늘 주의하여 보살피도록 한다.

② 전시장을 관람할 경우, 끈이 없는 신발(구두, 슬리퍼)을 신어서 걸을 때마다 발생하는 소음이 없도록 한다. 그리고 지나치게 노출이 심한 복장은 삼가도록 한다.

③ 전시장에서는 전시품에 관심을 가지고 성의 있게 관람하는 것이 바람직하고, 작품 가까이에 다가가 만지는 행동은 절대로 하지 않는다.

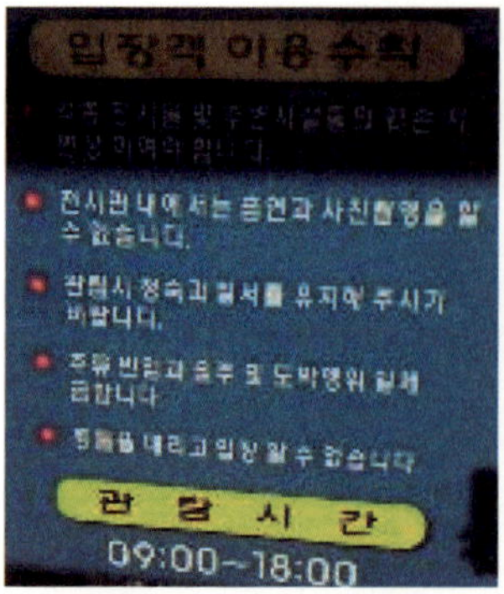

④ 사진촬영은 함부로 하지 않고, 안내직원에게 문의하거나 촬영금지 안내 표지판이 있다면 촬영은 하지 않도록 해야 한다.

⑤ 안내를 받아 관람하는 상황이라면, 질서를 지키고 대열에서 낙오되지 않도록 하며 일행끼리 다른 사람들이 들릴 정도로 작품을 평하거나 평가하는 대화는 가급적 자제해야 한다.

2) 카페 이용 시 매너

몇 년 전부터 카페를 비롯하여 디저트카페, 애견카페 등이 짧은 거리에도 즐비하고, 카페촌이 형성되어있기도 했다. 카페를 찾는 이유는 다양하겠으나, 주로 여유롭게 시간을 보내고 싶어 찾는 고객, 비즈니스로 손님을 만날 목적으로 찾는 고객, 친목 및 사교의 목적으로 찾는 고객, 또는 스터디 모임이나 공부를 하기 위해 찾는 고객까지 커피숍을 찾는 목적은 다양하다.

예전에는 카페를 찾는 이유가 손님을 만나는 목적이 주를 이루었다면, 이제는 이렇게 다양한 목적으로 카페를 방문하다보니 예전에 없었던 많은 문제점들이 생겨나고 있다.

아래의 기사를 한 번 보어보자.

'진상손님 누가 좀 말려줘요!' … 커피숍 사장의 하소연

진주의 한 대학가 인근에 지인이 지난해 커피숍을 오픈했다. 며칠 전 개인적인 일로 근처를 지나다가, 오랜만에 얼굴도 볼 겸 커피숍을 찾았다.

커피를 마시며 이런저런 이야기를 나눴다.

지인은 "경기가 안 좋아 개학을 했는데도 예전만큼 장사가 안 된다.", "추석 연휴가 길어서 장사가 될지 걱정이다." 등의 어려움을 토로했다. 특히 "진상고객들 때문에 스트레스를 많이 받는다."고 하소연했다. 지인은 그러면서 몇 가지 사례를 설명했다. 가게가 오전 11시에 오픈을 해 밤 11시에 문을 닫는데, 사장인 자신과 함께 출근해서 같이 퇴근하는 손님부터 여러 명이 들어와 커피 한 잔만 시켜놓고 몇 시간 동안 공부를 하고 가는 경우도 많다고 전했다. 또 과도한 애정행각을 하는 커플, 애견을 데리고 와서 배설물을 치우지 않고 그냥 가는 손님, 반말을 하는 손님, 공부를 하다가 점심시간이 되면 가방을 놔두고 밖에 나가서 밥을 먹고 다시 들어오는 학생들도 있으며, 자신의 개인 휴대폰으로 전화를 해 문을 좀 빨리 열어달라는 부탁까지 그야말로 천태만상이라고 전했다. 인터넷에서만 보던 이른바 손님들의 갑질과 진상짓을 가까운 지인에게서 들으니 생각보다 심각한 문제라는 생각이 들었다.

'손님은 왕'이라는 말이 있다. 고객들은 돈을 지불하고 그 수준에 걸맞은 서비스를 제공받을 권리가 있다. 하지만 최근 우리사회에서 일어나고 있는 각종 갑질과 진상 논란에 '진상손님은 왕이 아닌 그냥 진상'이라는 우스갯소리가 나올 정도다. 상식에 벗어난 과도한 요구를 하는 것도 갑질이라고 생각한다.

역지사지(易地思之)라는 말이 있다. 누구나 알고 있듯이 "서로의 처지를 바꾸어 생각해 본다."라는 뜻이다. 내가 만약 주인이라면 이런 손님들의 행동이나 요구를 항상 웃으며 맞춰줄 수 있을지를 생각해 봤으면 좋겠다.

앞에서도 언급했지만, 돈을 내고 이

하는 만큼 일정수준의 서비스를 받고 가게에 부가적인 부탁을 할 수는 있다. 하지만 비용을 지불하고 이용하는 장소와 음식에도 최소한의 예의는 지켜야 한다.

지난 3월 통신사에 할인을 해달라, 커피값을 환불해달라고 요구하며 장난감총을 꺼내 종업원을 위협하는 등 진주의 한 커피숍에서 각종 갑질을 일삼은 40대 남성이 구속됐다는 기사를 봤다. 손님이 왕 대접을 받으려면 손님도 종업원이나 가게주인을 왕으로 대접해 줘야 한다.

최소한의 예의를 지키고 남을 배려하는 문화가 확산되길 바란다.

(경남일보, 2017.09.10, 정구상 시민기자)

※ 본 취재는 경상남도 지역신문발전지원사업 보조금을 지원받았습니다.

▶ 기사를 읽고 느낀 점은 무엇인가요?

다음 기사는 '설마 이런 일을 할까?' 싶겠지만, 실제로 발생된 실화이니 한 번 읽어보길 바란다.

〈NEWS〉 함께 생각해 볼 뉴스! 당신의 생각은 어떤가요?

커피숍에서 치킨을 먹던 '진상손님', 항의하니 오히려 눈치 줘!

'방귀 낀 놈이 성낸다'는 말은 이럴 때 쓰는 걸까.
한 온라인 커뮤니티에 지난 11일 '커피숍에서 양념치킨? 결과가 멘붕'이란 제목의 사연이 올라왔다.
필자는 이전 직장 근처 커피숍에서 겪었던 황당한 경험을 털어놨다. 이전 직장 근처 자주 가던 커피숍에 친구와 방문한 필자는, 여자 두 명이 양념치킨 한 마리를 먹고 있는 장면을 목격했다.
필자는 "(커피숍에) 사람은 많지 않았고 테이블 3개 정도(차 있었다). 당시 남자 사장님이 있었다."고 상황을 전했다. 그 커피숍의 테이블 간 거리는 1미터가 되지 않았다.
필자는 양념치킨 냄새가 너무 불쾌하고 여자들이 계속 사진을 찍으며 시끄럽게 떠들고 있어 사장에게 말을 했다. 하지만 사장은 여자들에게 가서 "저분들이 냄새난다고 뭐라고 한다."면서 필자 일행을 지목했다.
필자는 "그만 먹으라고 하지 않고 빨리 먹으라고 했다."면서 "그 여자분들은 저희를 째려보면서 계속 천천히 먹었다."고 토로했다. 결국 필자 일행은 이를 참지 못하고 커피숍에서 나와야 했다.
누리꾼들은 "커피점은 외부음식 반입금지 아닌가?", "진상손님은 쫓아내야 한다.", "카페에 가서 더 냄새가 심한 음식을 먹어 복수하자." 등 필자의 사연에 분노하며 댓글을 남기고 있다.

(세계일보, 2017.07.13. 뉴스팀)

▶ 기사를 읽고 느낀 점은 무엇인가요?

다음의 기사는 여러 가지로 논란의 소지가 있는 내용이나, 고객과 업체 간의 의견 차이가 얼마나 큰 지를 볼 수 있는 내용이다.

〈NEWS〉 함께 생각해 볼 뉴스! 당신의 생각은 어떤가요?

'속 보이는 TV 인사이드' 식당 내 아이들의 소란 … '맘충 vs 노키즈존' 설왕설래

15일 방송되는 KBS '속 보이는 TV 인사이드'에서는 요즘 화제가 되는 키워드 이른바 '맘충'과 '노키즈존'에 대한 설왕설래가 펼쳐질 예정이다. 이번 24회 〈공감해U〉 사연의 주인공은 5세, 10개월의 두 아들을 둔 오수정(가명, 38세) 씨. 아이 돌보랴 집에만 있다가 10개월만에 친구와 함께 단골 파스타집을 찾았는데, 갑자기 아이와 함께 입장할 수 없다(노키즈존)며 나가달라는 사장. 대체 이들에게 무슨 일이 있었던 걸까!

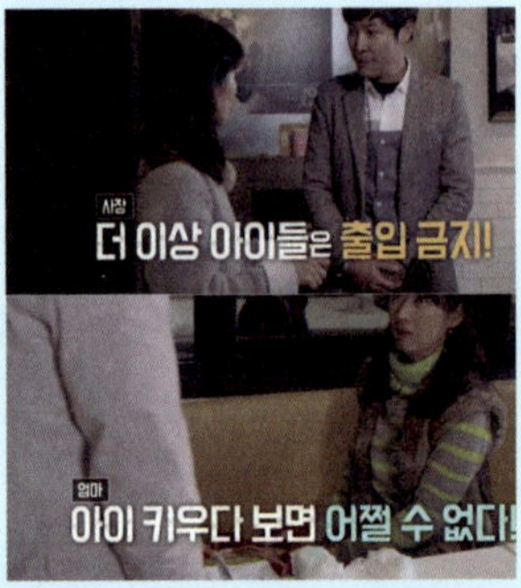

가게 주인의 주장! 오수정 씨가 아이를 먹인다고 수프를 여러 번 리필시킨 데다 5세 아들이 가게 안을 뛰어다니다가 옆 테이블의 손님 가방을 떨어뜨리고, 급기야 수정씬 테이블에서 아기의 똥기저귀를 갈았다. 때문에 손님의 항의까지 받았던 가게주인은 결심했다. 노키존에 동참하기로!

오수정 씨는 억울하다! 자신도 경우를 아는 사람이다. 수프 리필은 민폐인 것 인정. 아침부터 먹을거릴 아무리 줘도 거부만 하던 아이가 유독 가게수프를 잘 먹어서 더 부탁드린 것. 그리고 5세 아들은 주의 깊게 지켜보다 친구와 심각한 얘기 중에 정말 잠깐 아이를 놓친 중에 벌어진 일. 게다가 아기 기저귀는 아이가 울어서 다른 손님에게 더 큰 폐를 끼칠까봐 마음이 급해서 그랬다는 것인데…. 애를 데리고 아무데도 가지 말라는 것인가! 왜 벌레 취급을 당해야 하는 것인가!

이런 상황에 처한다면 우리는 과연 누구의 손을 들어주게 될까. 〈관찰카메라〉를 통해 상황을 지켜봤는데…. 흔히 목격할 수 있는 식당 내 아이들의 소란에 대해 20대 남성, 30대 아이엄마, 60대 남성 등 각기 이 상황에 반응하는 입장과 시선은 어떻게 다른지, 리얼한 민낯이 공개된다!

대국민 공감 프로젝트 '공감해U'는 오는 15일(목요일) 저녁 8시 55분 KBS2 '속보이는 TV 인사이드'에서 방송된다.

(디지털본부, 2018.03.15.
디지털콘텐츠팀 기자)

▶ **기사를 읽고 느낀 점은 무엇인가요?**

어린이 동반손님과 그런 손님의 방문을 거절하는 업체 관계 간의 문제는 법적인 문제로 확대되기에 이르렀다. 현재 저출산으로 인해 한국의 미래가 위기에 처할 상황이어서 출산을 장려하는 상황에서, 다음과 같은 기사내용은 함께 고민해보아야 할 부분이고 긍정적이고 합리적인 방법을 모색해야 할 내용이다.

〈NEWS〉 함께 생각해 볼 뉴스! 당신의 생각은 어떤가요?

'노키즈존 = 아동차별' 인권위 권고에 업주들은 '당혹'

▲ 24일 서울 소재 한 식당 건물에 '아동출입 불가구역'을 뜻하는 'No Kids Zone' 푯말이 붙어 있다.

인권위 "합리적 근거 없어, 차별 해당" VS 업주들 "노키즈존, 어쩔 수 없는 선택"

"아동차별이요? 저희 카페도 처음엔 노키즈존(아동 출입불가 구역)이 아니었어요. 오히려 아이를 데리고 온 손님들에게는 무료로 음료를 제공했던 적도 있어요. 소수 부모들의 무책임한 행동으로 인해 노키즈존을 결심했던 건 정말 어쩔 수 없는 선택이었어요."

24일 서울 마포구 동교동에 위치한 한 카페를 운영하고 있는 이철주(35, 남) 씨는 카페가 '노키즈존'이 될 수 밖에 없었던 이유에 대해 이렇게 설명했다. 약 20평 남짓 돼보이는 그의 카페 문에는 'No Kids Zone Sorry (아이를 데리고 들어올 수 없는 곳입니다. 죄송합니다)'라는 문구가 그림과 함께 붙어 있었다.

최근 국가인권위원회(인권위)는 13세 이하 어린이의 식당 이용을 제한하는 것은 나이를 이유로 한 합리적인 근거가 없는 '아동차별'이라며 A 식당에 13세 이하 아동을 식당 이용에서 배제하지 말라고 권고했다. 진정을 제기한 B씨는 지난해 9월 9세

자녀를 포함한 가족과 함께 식사를 하기 위해 A식당을 방문했다. 하지만 식당 관계자는 "13세 이하 아동은 이용하지 못한다."며 B씨의 가족에게 나가달라고 했다.

인권위는 "상업시설 운영자들은 헌법 제15조에 따라 영업의 자유가 보장되고 있지만, 이 같은 자유가 무제한적으로 인정되는 것은 아니다."라며 "특히 특정집단을 특정한 공간 또는 서비스 이용에서 원천적으로 배제하는 경우 합당한 사유가 인정돼야 한다."고 설명했다.

이에 대해 A식당 관계자는 "아동의 안전사고 발생과 그로인한 분쟁이 다른 고객에게 피해를 주는 행위가 될 수 있다."며 "아동을 이용 제한대상으로 규정할 수밖에 없었다."고 해명했다.

서울 마포구에서 1년째 '노키즈존'으로 카페를 운영하고 있는 김석주(39, 남) 씨는 인권위의 권고를 듣자마자 한숨을 내쉬었다.

김씨는 "카페 특성상 커피나 빵 등의 향이 손님들에게 굉장히 중요한데, 몇몇 아이 부모들이 다른 사람을 배려하지 않고 테이블 위에서 기저귀를 갈았다."며 "옆에서 빵을 드시던 손님이 표정을 구기며 나가신 적도 많다."고 말했다. 이어 노키즈존 운영에 대해 "가게 입장에서는 장사를 조금이나마 수월하게 하려했던 조치"라며 "절대 차별의 의미로 노키즈존을 운영한 것이 아니다."라고 설명했다.

▲ 24일 서울 소재 한 상가입구에 '아동출입 불가구역'을 뜻하는 'No Kids Zone' 표시가 붙어 있다.

서울 동작구에서 노키즈존 레스토랑을 운영하고 있는 최영민(38, 남) 씨는 "몇몇 부모들이 아이들을 전혀 통제하지 않는 모습에 충격을 받아 그때부터 노키즈존으로 바꿨다."며 "'아동차별'을 말하는 인권위의 권고에 따른다고 할 것 같으면, 부모들도 아이를 데리고 식당을 이용할 때 마땅히 식당매너를 잘 지켜주셔야 한다."고 강조했다.

이 같은 인권위의 권고에 대해 네티즌들은 "피해업주의 인권은 생각하지 않고 가해자의 인권만 생각한다.", "피해업주의 인권은 인권이 아니냐?" 등의 의견을 냈다.

아이디 'good****'는 "업주가 왜 고객을 잃으면서까지 노키즈존이란 선택을 했는지(인권위는) 고려하지 못했다."라며 "아이들의 무분별한 행동을 방치하고 오히려 제지하는 시선을 불쾌하게 보는 부모들이 너무 많다."고 말했다. 'ldh7****'은 "인권위 관계자들이 노키즈존이 아닌 식당에서 하루 일을 해봐야 어려움을 느낄 수 있을 것"이라며 "나도 엄마지만 노키즈존은 있어야 한다."고 밝혔다.

한편 대다수의 아르바이트생들도 노키즈존의 확산에 대해 긍정적인 반응을 보인 것으로 나타났다. 알바천국이 지난 10월 알바생을 대상으로 한 설문조사 결과에 따르면, 응답자 중 75.9%가 노키즈존 확산에 찬성했다. 알바생 10명 중 7명은 "노키즈존이 있어야 한다."고 답한 것이다. 또 노키즈존 확산에 찬성한 이들 중 73.5%는 "근무 중 유아 혹은 유아동반 부모로 인한 어려움을 겪은 적이 있다."고 응답했다. 가장 난처했던 경험으로는 60.4%가 '소란 피우는 아이를 부모가 제지하지 않는 상황'이라고 답했다.

(천지일보, 2017.11.26. 임혜지 기자)

▶ 기사를 읽고 느낀 점은 무엇인가요?

이러한 문제가 발생되므로 새로운 방법을 찾을 필요가 있다. 어린이를 동반한 고객을 손님으로 받지 않는다는 것은 고객과 업체 양쪽 모두에게 손실이고 상처가 된다.

부산의 모 커피숍에는 '흡연실'을 없애고 대신 '애견 동반룸'이라는 공간을 운영하고 있다. 카페나 음식점 내 흡연석이나 놀이터가 있는데, 이를 잘 활용하면 어린이를 동반한 가족의 이용도 늘리고 다른 고객에게 방해도 주지 않을 것이라 생각한다.

간혹 커피숍 계산 카운터에 보면 '1인 1음료'라는 문구를 작성해서 걸어둔 곳을 간간히 발견할 수 있다.

커피숍 관계자와 소비자의 입장은 모든 부분에서 동일할 수는 없다. 소비자의 입장에서는 커피(또는 다른 음료나 케이크 등)를 구입하며 지불한 금액만큼 누릴 수 있는 모든 것을 누리겠다는 마음이 있을 수 있고, 커피숍 관계자의 입장에서는 매장을 방문해 준 소비자에게 감사하고 상품을 구매하여 금액을 지불하는 것은 당연하지만, 그래도 상식선에서 지켜야 할 부분은 지켜야 한다는 마음일 것이다.

많은 고객이 상식적 · 양심적으로 교양 있고 매너 있게 행동하며 이용하고 있지만, 여러 가지 이유나 또는 가끔 비상식적이고 매너 없이 행동하는 고객의 문제로 인해 업체가 취하는 다양한 조치로(노키즈, 고교생 출입금지 등) 불편을 겪는 고객들이 분명 발생한다.

고객이나 업체 관계자가 '역지사지' 또는 '배려'의 마음이나 자세로 행동하고, 고객도 고객의 권리만 내세울 것이 아니라, 다른 고객의 권리도 생각하는 바람직하고 멋진 고객이 되어야 한다.

바리스타의 모습

위 두 기사를 바탕으로 고객이 카페에서 지켜야 할 매너는 다음과 같다.

① 카페에서 정해놓은 룰이나 규칙 또는 부탁말씀 등은 고객의 권리만 주장할 것이 아니라 지키도록 한다. 예를 들면, 외부음식 반입금지, 1인 1음료 등

② 카페에 머물 수 있는 시간이 정해져 있는 것은 아니지만, 혼자 방문해서 4인용 테이블에 앉아 자리를 오래 차지하고 있지 않도록 한다.

③ 음료 주문 개수는(방문인원 - 1잔) 정도는 무방할 듯하지만, 여러 명이 방문하여 음료 한 잔을 시켜 나눠먹는 행동을 삼가도록 한다.

④ 카페는 여러 사람이 함께 이용하는 공간이고 오픈된 공간이므로, 지나친 애정행각이나 상식적이지 않는 행동으로 주변사람들을 불편하게 하지 않도록 한다.

⑤ 본인이 사용한 테이블은 정리하고 자리를 뜨도록 한다. 예를 들면, 음료를 엎질렀다거나 케이크나 과자부스러기 등을 휴지로 닦아 다음고객이 불편하지 않도록 한다. 그리고 카페 내에서나 화장실에서 상식선에서 행동하도록 하고, 생산된 휴지를 반드시 깨끗하게 처리하도록 한다. 예를 들면, 기저귀, 우유팩, 과자봉지 등

⑥ 어린이를 동반한 고객의 경우는 특별히 아이를 보살펴 지나치게 장난을 쳐서 주변 고객이나 직원의 서비스 행위에 방해가 되지 않도록 해야 한다.

⑦ 카페 내 인테리어용품은 눈으로만 구경하고 손으로 만져 파손되어 책임소지를 가리는 불편한 일을 애초에 만들지 않는 것이 좋다. 그리고 장식으로 디스플레이 해놓은 소품 등을 가져가는 일이 없도록 해야 한다.

⑧ 카페는 도서관처럼 조용히 할 의무는 없지만, 지나치게 큰 목소리로 담소를 나눠 주변에 불편함을 주지 않도록 한다.

⑨ 도서관에서도 금지된 행동인 자리잡기나, 카페에서 자리에 가방을 놓아두고 외부로 나가 식사를 하고 오거나 다른 일을 보고 돌아오는 웃지 못한 행동은 하지 않도록 한다.

⑩ 비치해 둔 편의용품(빨대, 냅킨, 설탕 등)을 필요 이상으로 챙겨가져가지 않도록 한다.

다음의 내용은 많은 사람들이 이용하는 공공장소인 카페에서 고객들이 참고할 만한 사항이다.

〈NEWS〉 함께 생각해 볼 뉴스! 당신의 생각은 어떤가요?

미국 커피숍의 자리매너!

공정무역을 통한 유기농 원두막을 고집하는 나름의 철학을 가지고 운영되고 있던 커피숍으로 데이비스의 젊은이들 사이에 많은 인기를 모으고 있었던 커피숍이다. 이 커피숍 안은 항상 사람들로 북적였지만, 특이했던 것은 시내 거리의 전망을 볼 수 있는 창가쪽 자리는 비어있을 때가 많다는 것이다.

그 이유는 이 커피숍에서 정한 룰 때문이었다. 창가쪽 테이블에만 놓여있었던 안내문에는 창가쪽 자리에선 노트북, 과제, 공부할 수 없다는…. 예외도 인정되지 않는다는 규칙이 적혀 있었다.

처음에는 이걸 봤을 때 너무 엄격한 것이 아닌가 하는 생각이 들었다. 하지만 이곳에 이 룰은 잘 지켜지고 있었다. 안쪽 자리에선 학생들이 노트북을 놓고 앉아서 자유롭게 스터디를 하고 있었다.
그리고 창가쪽 자리에는 조용히 대화를 나누거나 책을 읽으며 바깥 경치를 구경하는 사람들의 몫이었다.

사람들이 룰을 잘 따르며 이용하는 모습을 보고나니, 커피숍의 이러한 룰이 엄격하기보단 합리적이라고 생각이 바뀌었다.

(http://twoj1208.blog.me/220406395343)

다음의 기사는 '노키즈존'에 이어 고등학생 출입을 금지하는 매장에 관한 신문기사이다.

〈NEWS〉 함께 생각해 볼 뉴스! 당신의 생각은 어떤가요?

'학생들 오지 마' … '노스쿨존' 카페도 등장

부산 도심의 24시간 카페에서 "욕설 · 흡연 심하다"며 출입금지
"사업장 권리" vs "청소년 차별"

△인터넷에 공개된 부산 도심 카페의 '청소년 출입금지' 안내문

7세 이하 어린이의 출입을 제한하는 '노키즈존'에 이어 중 · 고등학생들의 출입을 제한하는 '노스쿨존'이 등장했다.
12일 부산 동래역 인근의 한 카페는 출입문에 '중 · 고등학생의 출입을 제한한다.'는 내용의 공고문을 붙였다.
24시간 운영하는 이 카페는 "근방의 중 · 고등학생들이 매장에서 흡연하고 바닥에 침을 뱉는 등 무례한 언행과 욕설을 일삼는다."며 "매장의 쾌적한 환경을 위해 방문을 거부한다."고 밝혔다. 이어 "신분증을 검사하는 일이 생겨도 양해해 주기 바란다."고 적었다.
이 공고문은 공개된 지 10여 시간 만에 '노급식존(학교급식을 먹는 중 · 고등학생들을 '급식충'이라 폄하한 데서 유래한 단어)'이라는 이름을 달고 사회관계망서비스(SNS)에 널리 퍼졌고 카페 관계자는 다음날 아침인 10일 공고문을 철거했다고 밝혔다.
명시적으로 '노스쿨존'을 운영하지 않더라도 청소년들을 피해 마감시간을 일부러 앞당기는 카페도 있다. 서울 은평구에서 음식점을 운영하는 김모(45) 씨는 "매상을 생각하면 최대한 늦게 끝내는 게 좋지만, 학생들이 밤늦게 몰려오는 게 싫어 마감시간을 앞당겼다."고 말했다. 그는 "고등학생들이 야간 자율학습이 끝나고 오면 매장 전체가 시끄럽고 여기저기서 욕설이 들려 손님들이 꺼려한다."고 말했다. 김씨의 음식점은 다른 매장과 달리 10시에 문을 닫는다.
구매력이 낮고 무리지어 다니는 청소년들은 이전에도 종종 음식점과

커피숍 직원들의 기피대상이 됐다. 대구 번화가의 24시 카페에서 일한 박진아(25) 씨는 "밤에 학생들이 몰래 맥주나 소주를 들고 오는 경우가 있다."며 "담배를 피운 뒤 주변에 가래를 뱉는 일도 부지기수"라고 말했다. 교복차림으로 의자에 누워 애정행각을 벌이는 경우도 다반사다. 10여 명이서 커피를 두 잔만 시킨다거나 큰 책상에 과제를 이리저리 펼쳐놓는 점도 커피숍 사장에겐 은근한 골칫거리다. 서울 시내에서 커피숍 체인점을 운영하는 안모(52) 씨는 "(사진을 보니) 오죽하면 그랬겠나 싶다. 나도 사장된 마음으로 가게에서 내보내고 싶을 때가 종종 있다."고 밝혔다.

그럼에도 '노스쿨존'까지 나온 것은 지나치다는 의견도 있다. 아르바이트생 박씨는 학생들의 행동을 성가셔하면서도 "한 번 요청하면 곧바로 수긍하고 미안해 한다. 안 그래도 청소년 출입제한 구역이 많은데, 커피숍까지 청소년들을 내치면 어디로 가겠느냐?"며 고개를 저었다. 청소년인권행동 '아수나'로 활동가인 치이즈(활동명) 씨는 "특정 청소년 몇몇의 일탈행위를 전체 청소년의 행동으로 묶는 것은 손쉬운 차별행위"라며 "40대 아저씨들이 욕설하고 화를 낸다고 해서 40대 아저씨를 금지하지는 않지 않느냐?"고 말했다. 그는 이어 "청소년들이 모여서 이야기를 나눌 공간 자체가 절대적으로 부족하다. 카페도 몇 년 전부터 조금씩 가기 시작한 건데 '청소년'이라는 이름으로 전체를 묶어 반대하지는 않았으면 좋겠다."고 밝혔다.

(서울경제, 신다은 기자)

▶ 기사를 읽고 느낀 점은 무엇인가요?

3) 영화관 이용 시 매너

영화관람 시 지켜야 할 매너는 다음과 같다.

① 영화관 입장 전 입구에 있는 좌석안내표를 확인하여 자신의 자리와 가까운 복도 쪽을 이용하여 착석하도록 한다. 늦게 입장하여 미리 착석한 고객에게 불편을 주지 않도록 하며, 혹시 앞을 지나갈 경우는 "실례합니다. 또는 미안합니다."라는 인사 정도는 하는 매너를 갖도록 한다.

② 배우에 대한 품평이나 영화에 대한 정보를 가지고 있더라도 영화관람 시에 옆 사람과 대화를 삼간다. 예를 들면, "범인이 누구다~, 그 다음 대사는 이거야~~, 배역이 잘 맞다, 역할이 안 맞다" 등

③ 영화관 내부는 상당히 어둡기 때문에 스마트폰 불빛은 영화를 관람하는데 큰 방해를 줄 수 있다.

④ 앞좌석이 비어있다고 다리를 올려두는 일은 절대 삼가고, 앞좌석을 발로 차서 불편을 주지 않도록 한다.

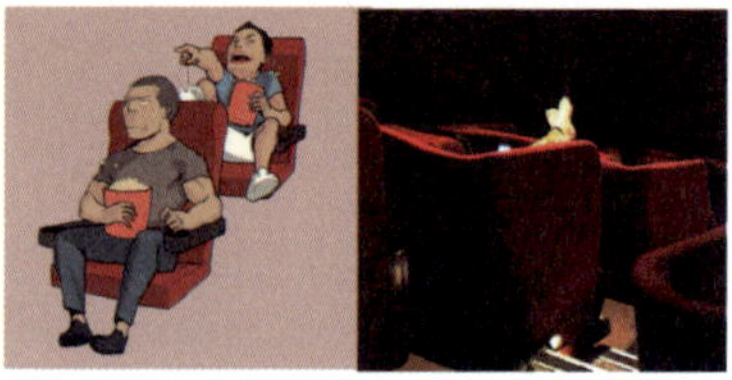

이는 영화에 집중하는데 방해가 충분한 일들이다.

[CGV]

강한 냄새로 인해 불쾌감을 제공할 수 있는 족발, 김밥, 순대 등의 음식물
사고 발생의 우려가 있는 음식물로 뚜껑 없는 뜨거운 커피 등의 음식물
※ 예전에는 뜨거운 커피의 반입이 금지되었었지만, 현재는 뚜껑(덮개)가 있는 경우 반입이 허용이 된다고 함

사랑,행복 그리고 감동

[롯데시네마]

강한 냄새로 인해 불쾌감을 제공할 수 있는 피자, 햄버거, 치킨, 오징어, 김밥, 순대 등의 음식물
청결을 근거로 뚜껑없는 음료수, 컵홀더에 맞지 않는 음료수, 팥빙수 등의 음식물
안전을 위해 병제품에 내용물이 담긴 음식물

[메가박스] (롯데시네마와 동일)

강한 냄새로 인해 불쾌감을 제공할 수 있는 피자,
버거, 치킨, 오징어, 김밥, 순대 등의 음식물청결을 근거로 뚜껑없는 음료수, 컵홀더에 맞지 않는 음료수, 팥빙수 등의 음식물
안전을 위해 병제품에 내용물이 담긴 음식물
※ 단, 반입이 제한된 음식물은 입장 전에 냉장고에 보관할 수 있고,
관람 후 다시 찾아갈 수 있다고 함

⑤ 영화관 내는 외부음식 반입은 금지하지만, 영화관에서 다양한 간식(팝콘, 나쵸, 핫도그 등)을 판매하고 있다. 이는 영화를 보는 동안 간식을 먹는 것을 허용하는 것이라 할 수 있겠으나, 이런 간식은 영화 내내 소리 내서 먹거나 음료를 소리 내서 먹는 일은 가급적 삼가도록 한다. 이는 주변 손님이 영화에 집중할 수 있는 것을 방해하기에 충분하다.

⑥ 어린이를 동반한 고객들은 플래쉬를 터트리면서 기념사진을 촬영하는 경우가 있는데, 기념사진은 영화관 내에서보다는 영화관 밖에서 찍도록 한다.

그리고 어린이를 동반하는 경우는 어린이를 잘 보살펴 다른 고객들이 영화관람에 방해받지 않도록 특별히 주의해야 하여, 고객 간 불미스러운 일이 발생하는 것을 미연에 방지하도록 한다.

⑦ 영화관을 청소하는 사람이 있기는 하지만, 영화관 이용 후 자리 근처의 쓰레기를 놓고 가지 말고, 쓰레기통에 직접 버리는 배려를 하도록 한다.

⑧ 영화관람 시에는 통화를 하는 것은 절대

삼가야겠지만, 급히 통화할 일이 있을 경우는 외부로 나가 통화를 하는 것이 매너이다. 이때 스크린을 가리지 않도록 허리를 굽혀 서둘러 나가도록 한다.
또한 지속적으로 문자를 보내고 받아 불빛으로 인해 옆 사람이 불쾌한 일이 없도록 한다.

⑨ 아이들의 편리한 영화관람을 위해 사용하는 쿠션을 사진과 같이 사용하는 몰상식한 행동은 하지 않도록 한다.
또한 신발을 벗고 맨발로 양반다리를 하여 옆 사람에게 불편을 주지 않도록 한다.

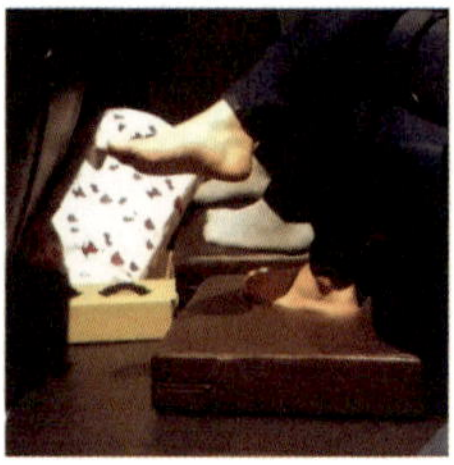

⑩ 영화관에서 지켜야 할 매너는 어렵거나 복잡하지 않다. 남이 하면 내 기분이 어떨까~ 하고 한 번쯤만 바꿔 생각해보는 문화인, 지성인이 되어야 한다.

3) 병문안 시 매너

일반적으로 병문안은 입원이나 수술을 한 환자를 방문하는 것으로, 병문안의 매너는 1인실을 사용하는 병실의 경우보다는 다인병실에서 더욱 중요하다. 다음의 병문안 매너를 숙지하여 건강을 회복하기 위해 병원에 있는 분들을 불편하게 하는 일이 없도록 해야 한다.

① 병원이 정해놓은 면회시간을 철저히 지킨다.
② 병문안 시 화장을 진하게 하거나 향수를 뿌리는 등의 화려한 치장은 가급적 삼간다.
③ 병문안을 갔을 때 특별히 환자의 요청이 있지 않는 한 오래 머

물지 않는다.(약 30분 전 · 후)

④ 다인병실인 경우는 최대한 작은 목소리로 대화를 나눈다.

⑤ 환자 앞에서 음식물을 먹지 않고, 음식물의 섭취는 휴게소를 이용하도록 하며, 꽃이나 화분은 선물하지 않는다. 단, 출산의 경우는 예외이다.

⑥ 병문안을 갈 때는 아이를 동반하지 않는 것이 바람직하다. 그리고 본인이 질병에 걸려있는 경우(감기, 장염 등)는 면회를 삼가는 것이 바람직하다.

⑦ 병실 내에서는 방문사나 환자 모두 핸드폰은 진동으로 해놓고, 환자의 경우 음악을 들을 때는 반드시 이어폰을 이용한다.

⑧ 병원에서 엘리베이터를 이용할 경우, 환자 우선으로 이용할 수 있도록 양보한다.

2. 직장 내 곤란한 상황을 Role Play로 준비해볼까요?

CASE 63 걸핏하면 삐치는 상사가 있어요. 함께 일하는 게 너무 힘들어요. 어떻게 해야 하나요?

CASE 63.1 너무 감정적인 상사가 있어요. 기분 맞추는 게 너무 스트레스예요. 어떻게 해야 하나요?

➲ 그 사람의 기분에 동요되지 말자. 그렇게 되면 당신만 손해! 당신이 해야 할 일만 하면 된다.

CASE 64 입만 열면 불평하는 선배(동기 / 후배) 때문에 저까지 물드는 기분이 듭니다. 가끔 서로 하소연이야 할 수 있지만 보기만 하면 불평을 하니, 위로하고 맞장구치는 것도 한두 번이죠. 그렇다고 조직 생활을 하면서 대면 안하고 피하는 것도 쉽지 않은데, 어떻게 해야 하나요?

➲ 부정적인 생각을 하는 사람들은 습관적으로 부정적인 생각을 지속하고, 불평을 하는 사람 역시 마찬가지다. 그런 동기나 후배를 과연 주변사람들이 좋아할까? 아마 당신도 알겠지만, 피하고 싶고 만나고 싶지 않으며 함께 있는 자리가 불편하며 같이 대화하고 싶지가 않다. 그 사람을 고칠 방법은 없어 보이나, 만약 당신이 그 사람에게 동료애가 있거나 관심이 있다면 진지하게 한 번 조언을 해보는 것도 좋은 방법일 것 같다.

CASE 65 꼭 1,000원씩 빌려가는 선배가 있어요. 처음에는 기꺼이 빌려줬는데, 거의 돌려받지 못하고 있어요. 이제는 아깝다는 생각이 들지만, 매정하게 거절하기도 힘들고…. 어떻게 해야 하나요?

➲ "그 때 빌려간 돈 1,000원 주세요."라고 말하기 참~쉽지 않다. 그러나 간단히 생각하면 해결할 방법과 당신이 스트레스 받지 않는 방법이 많을 것 같다. 과연 뭘까?

CASE 66 같이 근무하는 동료 중에 물건을 빌려가서 돌려주지 않는 사람이 있어요. 빌려가서는 마치 자기물건인 것처럼 사용을 계속하고 있는 것을 보면 속이 상하고 기분도 나빠요. 안 빌려주기도 어려운데, 어떻게 해야 하나요?

➲ 조직생활을 하고 인간관계를 하면서 그런 부류의 사람은 꼭 있고 불편한 사람이다. 초등학교 때 우리가 했던 방법을 사용해 보는 게 어떨까? 그렇다면 찾기도 편하고 받기도 편하며 달라고 하기도 용이하다. 방법이 무엇일까?

CASE 67 잔돈만 빌려가는 동료가 있어요. "혹시 잔돈 있어? 500원만 빌려줘!" "혹시 100원짜리 몇 개나 있어? 있는 대로 빌려줘 봐." 잔돈이라도 모이면 적지 않은 돈이고, 돌려받지도 못하는데 어떻게 해야 하나요?

CASE 68 조직생활을 하면서 인기 있는 사람이 부럽습니다. 어떻게 하면 저도 그렇게 될 수 있는지…. 비결이 뭔지 궁금해요.

➲ 인기 있는 사람이 부럽긴 하다. 그게 부러우면 왜 인기가 있는지 관찰하고 연구해서 따라해 보면 당신도 인기 짱! 그런데 그 사람들은 과연 행복할까 싶다. 찾는 사람이 많고, 연락하는 사람이 많고, 고민상담도 해줘야 할 것 같고, 부탁도 많이 받을 거고….

REFERENCES

【자료출처】
장태선. 현대인을 위한 글로벌에티켓, 새로미, 2015.
ACE항공직업전문학교.
김지아 외. 글로벌매너 5W1H, 지식인, 2015.
네이버 국어사전.
박준형. 글로벌에티켓을 알아야 비즈니스에 성공한다, 북쏠레, 2006.
성현선 외. 국제비즈니스매너 이문화 커뮤니케이션, 새로미, 2012.
윤세남 외. SMAT Module A, 박문각, 2016.
차현수 외. 서비스경영능력시험 SMAT Module A, 영진닷컴, 2016.
http://cafe.naver.com/malltail/3978839
http://imgnews.naver.com/image/5181/2015/09/14/20150914124506_99_20150914121117.jpg

【사진출처】
http://imgnews.naver.com/image/109/2015/04/09/201504091230771750_5525f35a1caa5_99_20150409123604.jpg
http://cfile8.uf.tistory.com/image/133A683A4D3EACBF194907
www.naver.com 어학사전
http://image.edaily.co.kr/images/photo/files/NP/S/2014/04/PS14042300428.jpg
파워포인트 아트클립

Business Manner & Business Role Play